Martina Glehr · Josef Göschl · Caroline Kodym

über den Zeilenrand

Maturatraining

VERITAS
Lernen verbindet uns

INHALTSVERZEICHNIS

Einleitung

I Zusammenfassung

II Leserbrief

III Erörterung

INHALTSVERZEICHNIS

IV Meinungsrede

V Kommentar

VI Textanalyse

VII Textinterpretation

Anhang

EINLEITUNG

1. DIE TEXTSORTEN

Die schriftliche Reife- und Diplomprüfung im Fach Deutsch ist eine standardisierte und kompetenzorientierte Abschlussprüfung. Sie wird vom Bildungsministerium vorgegeben (daher auch „Zentralmatura") und ist für alle Maturantinnen und Maturanten gleich. Am Tag deiner schriftlichen Reifeprüfung im Fach Deutsch sollst du insgesamt zwei Texte schreiben. Dafür hast du 300 Minuten Zeit. Insgesamt trainierst du während deiner Zeit in der Oberstufe **sieben Textsorten**, die bei der SRDP[1] vorkommen können.

Zusammenfassung
Leserbrief
Erörterung
Meinungsrede
Kommentar
Textanalyse
Textinterpretation

Der Lehrplan für das Fach Deutsch gibt vor, in welcher Schulstufe bzw. in welchem Semester du welche Textsorten genauer durchgehst und übst. Das Verfassen dieser Textsorten wird auch in Schularbeiten immer wieder von dir verlangt werden. Üblicherweise werden allerdings die vorgegebene Wortzahl und der Umfang der Angaben in der fünften, sechsten und siebenten (und oft sogar noch in der achten) Klasse geringer sein als bei der Matura.

2. DIE AUFGABENPAKETE

Die SRDP besteht aus **drei voneinander unabhängigen Aufgabenpaketen** zu bestimmten Themen (siehe Abbildung[2] auf der › folgenden Seite). Jedes Aufgabenpaket besteht aus **zwei Aufgaben**. Jede Aufgabe enthält einen Schreibauftrag für einen Text und Beilagen, die du bearbeiten sollst. Du kannst am Tag deiner Matura eines der drei Aufgabenpakete frei wählen, musst aber dann innerhalb des Pakets beide Schreibaufträge erledigen und darfst also nicht mischen.

Die Textbeilagen zu jeder Aufgabe können sehr unterschiedlich aussehen: Sehr häufig sind es **lineare Texte** aus dem journalistischen Bereich (Artikel, Berichte, Reportagen, Interviews, Leitartikel, Kommentare, Kolumnen, Glossen). Auch **nichtlineare Texte** (Grafiken, Diagramme, Statistiken) sind möglich. Die erste Aufgabe des ersten Themenpakets beinhaltet einen literarischen Text (Kurzgeschichte, Fabel, Gedicht, Erzählung, im folgenden Beispiel eine Novelle). Mit einem Auszug aus einem Roman oder einem Drama, das du kennst und/oder im Rahmen des Schulunterrichts gelesen hast, solltest du nicht rechnen.

---

1 (die) SRDP: Standardisierte Reife- und Diplomprüfung

2 Bundesministerium für Bildung, Wissenschaft und Forschung: Materialien & Publikationen. Entnommen aus: matura.gv.at (Stand: 23.03.2022)

Themenpakete	Aufgaben
1. Literatur – Kunst – Kultur	**Carolina Schutti:** ***Eulen fliegen lautlos*** Textinterpretation (540–660 Wörter) 1 Textbeilage (Novelle, 2 Kapitel)
	Theater für junge Menschen Leserbrief (270–330 Wörter) 1 Textbeilage (Interview)
2. Autoritäten	**Konsum und Mündigkeit** Erörterung (540–660 Wörter) 1 Textbeilage (Kommentar)
	Autorität und Schule Zusammenfassung (270–330 Wörter) 1 Textbeilage (Interview)
3. Bewegung	**Kultur des Gehens** Zusammenfassung (270–330 Wörter) 1 Textbeilage (Feuilletonbeitrag)
	Bewegung in der Natur Meinungsrede (540–660 Wörter) 1 Textbeilage (Plädoyer)

3. DIE SCHREIBAUFTRÄGE

3.1 Länge und situativer Kontext

Die beiden Texte, die du im Rahmen der SRDP schreiben sollst, sollen eine Länge von insgesamt etwa **900 Wörtern** haben. Wie viele Wörter jeder einzelne der beiden Texte haben soll, steht in der Angabe. Dabei gibt es grundsätzlich zwei Varianten:

1. Von dir wird verlangt, zwei mittellange Texte (450 Wörter plus/minus 10 Prozent, also 405 bis 495 Wörter) zu verfassen.
2. Von dir wird verlangt, einen langen Text (600 Wörter plus/minus 10 Prozent, also 540 bis 660 Wörter) und einen kurzen Text (300 Wörter plus/minus 10 Prozent, also 270 bis 330 Wörter) zu verfassen.

Manche Textsorten sind eher „lang", andere eher „kurz" zu gestalten. Die folgende Übersicht zeigt dir, welchen Zusammenhang es zwischen den einzelnen Textsorten und der seit Einführung der SRDP üblicherweise geforderten Textlänge gibt.

Ob eine Über- oder Unterschreitung der Wortanzahl zu einem Problem werden kann, erfährst du in den Kapiteln zu den einzelnen Textsorten in diesem Band.

Textsorte	Wortanzahl
Zusammenfassung	270–330 Wörter
Leserbrief	270–330 Wörter
Erörterung	405–495 Wörter oder 540–660 Wörter
Meinungsrede	405–495 Wörter oder 540–660 Wörter
Kommentar	270–330 Wörter oder 405–495 Wörter oder 540–660 Wörter
Textanalyse	405–495 Wörter oder 540–660 Wörter
Textinterpretation	540–660 Wörter

Hier siehst du ein Beispiel einer Angabe[1] aus der SRDP im Fach Deutsch vom 13. Jänner 2021.

Thema 2: Autoritäten

Aufgabe 2

Autorität und Schule

Schreiben Sie eine Zusammenfassung.

Situation: Als Vorbereitung für eine Diskussion in Ihrer Klasse bzw. in Ihrem Kurs zum Thema *Autorität und Schule* fassen Sie für Ihre Mitschüler/innen bzw. Kurskolleginnen/Kurskollegen ein Interview zusammen.

Lesen Sie das Interview *Die schwache Autorität der Schule* mit Roland Reichenbach aus der Wochenzeitung *Die Furche* vom 22. September 2011 (Textbeilage 1).

Schreiben Sie nun die **Zusammenfassung** und bearbeiten Sie dabei die folgenden Arbeitsaufträge:

- Beschreiben Sie, was Roland Reichenbach unter Autorität versteht und welche Merkmale er ihr zuschreibt.
- Geben Sie wieder, welche Herausforderungen laut Reichenbach heute mit dem Konzept *Autorität* verbunden sind.

Schreiben Sie zwischen 270 und 330 Wörter. Markieren Sie Absätze mittels Leerzeilen.

Die „Situation“, die du in der Regel bei dem jeweiligen Schreibauftrag findest, gibt dir den **situativen Kontext** vor, in dem dein Text entstehen soll. Lies diesen situativen Kontext genau. Er sagt dir, an wen du deinen Text richtest, warum du den Text schreibst und wo er erscheinen soll. Gerade die Adressatenbezogenheit ist auch ein wichtiges Beurteilungskriterium. Bei den Textsorten Erörterung, Textanalyse und Textinterpretation ist kein situativer Kontext vorgegeben.

1 Bundesministerium für Bildung, Wissenschaft und Forschung: Materialien & Publikationen. Entnommen aus: matura.gv.at (Stand: 23.03.2022)

Übrigens: **In der Angabe der SRDP wirst du durchgehend mit dem höflichen „Sie" angesprochen.** In diesem Arbeitsband findest du daher diese höfliche Anrede bei allen Angaben, die eine schriftliche Reifeprüfung simulieren sollen. Ansonsten wirst du in diesem Band von den Autorinnen und dem Autor mit dem ebenso höflich gemeinten, aber wahrscheinlich gewohnteren „**du**" angesprochen.

3.2 Operatoren und Anforderungsbereiche

Unter **Operatoren** versteht man Verben, die in den Angaben verwendet werden, um dich zu einer bestimmten **Schreibhandlung** aufzufordern. Ein Beispiel: In der Arbeitsanweisung *Fassen Sie die im Interview genannten Gründe für die Politikverdrossenheit zusammen* ist der Operator „Fassen Sie ... zusammen".

Unter Schreibhandlungen versteht man Möglichkeiten und grundlegende Verfahren, Sprache zu gebrauchen und Gedanken sprachlich auszudrücken. Beispiele für Schreibhandlungen sind Narration (Bericht, Erzählung: Ereignisse werden sprachlich dargestellt, meist in chronologischer Ordnung), Argumentation (eine strittige Frage wird mithilfe von Thesen, Argumenten, Belegen und Beweisen behandelt), Deskription (Beschreibung: Sachverhalte oder Ereignisse werden beschreibend aneinandergereiht), Explikation (Erklärung/Erläuterung: Sachverhalte werden in einen logischen Zusammenhang gebracht), Rekapitulation (Wiedergabe: aus einer neutralen Perspektive heraus werden Sachverhalte wiedergegeben, die jemand anderer geäußert hat) und Evaluation (Bewertung: ein Sachverhalt wird aus einer bestimmten Perspektive heraus bewertet).

Schreibhandlungen lassen sich nie nur einer Textsorte zuordnen. Man kann sie als Bausteine verstehen, die in verschiedenen Textsorten eingesetzt werden. Ein Beispiel: Die wichtigste Schreibhandlung bei einer Erörterung ist die Argumentation. In einer schriftlichen Erörterung werden aber auch alle anderen Schreibhandlungen zum Einsatz kommen (z. B. die Narration oder Deskription in der Einleitung oder die Evaluation im Schlussteil).

Jeder Schreibauftrag umfasst zwei bis vier (meist drei) einzelne Arbeitsanweisungen mit jeweils einem Operator.

Die Operatoren sind drei unterschiedlich komplexen **Anforderungsbereichen** zugeordnet: dem der **Reproduktion**, dem des **Transfers** und dem der **Reflexion**. Die einzelnen Anforderungsbereiche unterscheiden sich im Grad der geistig-intellektuellen Selbstständigkeit, die von dir verlangt wird.

REPRODUKTION: Operatoren aus dem Bereich „Reproduktion" fordern dich auf, Dinge, Zusammenhänge und Sachverhalte in eigenen Worten wiederzugeben.

TRANSFER: Operatoren aus dem Bereich „Transfer" verlangen von dir, Wissen richtig einzuordnen, weitere/eigene Beispiele zu finden, Informationen neu zu organisieren, zu erklären, zu erweitern oder zu ergänzen.

REFLEXION: Operatoren aus dem Bereich „Reflexion" fordern eigenständige gedankliche Leistungen, die über die beiden anderen Anforderungsbereiche hinausgehen. Es kann sein, dass du zu einem Thema Stellung nehmen oder eigene Vorschläge anführen und begründen sollst.

Achte darauf, alle Arbeitsanweisungen/Operatoren zu berücksichtigen und den Schreibauftrag zur Gänze zu bearbeiten. Kontrolliere nach dem Schreiben noch einmal, ob du auch alle Schreibaufträge, die durch die Operatoren gefordert waren, erledigt hast.

Hier findest du eine Übersicht über einige wichtige Operatoren[1]. Die Beispiele in blauer Schrift stammen aus verschiedenen Reifeprüfungen der letzten Jahre:

1 Bundesministerium für Bildung, Wissenschaft und Forschung: Materialien & Publikationen. Entnommen aus: matura.gv.at (Stand: 23.03.2022)

Reproduktion	
Operator	**Was wird von dir verlangt?** **Du …**
(be)nennen	listest Informationen, Aspekte eines Sachverhalts, Fakten und Begriffe aus einem Text auf. *Z. B.: Benennen Sie kurz die Problembereiche, die laut Textbeilage bei der Herstellung eines Handys oder Smartphones entstehen.*
beschreiben	gibst in eigenen Worten Zusammenhänge wieder, z. B. den Inhalt eines Gedichtes. *Z. B.: Beschreiben Sie das in Textbeilage 1 vorgestellte Projekt.*
wiedergeben	liest z. B. einen Text und wiederholst anschließend die zentralen Aussagen. *Z. B.: Geben Sie die im Bericht dargestellte Problematik wieder.*
zusammenfassen	gibst Inhalte oder Aussagen, z. B. eines Textes oder einer Grafik, sinnvoll strukturiert und möglichst kurz wieder. *Z. B.: Fassen Sie die Handlung der Szene kurz zusammen.*
darstellen	formulierst größere Zusammenhänge und übergeordnete Sachverhalte strukturiert, z. B. wie ein Autor sich zu einem Thema positioniert.

Transfer	
Operator	**Was wird von dir verlangt?** **Du …**
untersuchen/ erschließen	ermittelst Textaussagen oder Problemstellungen unter bestimmten Kriterien. Meistens sind diese bereits vorgegeben. *Z. B.: Untersuchen Sie, wie der Tänzer seine Umgebung und sich selbst im Verlauf der Erzählung wahrnimmt.*
analysieren	beschäftigst dich genau mit einem Text, untersuchst ihn und bewertest ihn nach bestimmten Aspekten (z. B. die Wechselwirkung aus Inhalt, Form und sprachlicher Gestaltung …). *Z. B.: Analysieren Sie die Entwicklung des Gesprächs zwischen den beiden Figuren und ihre Argumentation.*
einordnen	sollst eine oder mehrere Aussagen, einen oder mehrere Sachverhalte oder die Deutung eines Textes in einen Zusammenhang stellen.
vergleichen	stellst Texte oder Sachverhalte gegenüber, um Gemeinsamkeiten und Unterschiede herauszufinden. *Z. B.: Vergleichen Sie den Umgang mit Fotografie, wie ihn die Autorin beschreibt, mit jenem in der heutigen Zeit.*
erklären/ erläutern	ordnest Textaussagen oder Sachverhalte nach bestimmten Aspekten in einen Zusammenhang ein und begründest diese. Dabei veranschaulichst du auch mit Hilfe zusätzlicher Informationen und Beispielen. *Z. B.: Erläutern Sie geschlechtsspezifische Unterschiede bei Burnout / Erschöpfungsdepression.*
in Beziehung setzen	bringst Textaussagen oder Sachverhalte nach bestimmten Aspekten miteinander in Verbindung. *Z. B.: Setzen Sie ausgewählte Wahrnehmungen des Autors in Beziehung zu Ihren eigenen.*
charakterisieren	beschreibst das Besondere einer Person oder einer Sache. *Z. B.: Charakterisieren Sie die Beziehung zwischen Vater und Kind.*

veritas.at/code

Reflexion

Operator	Was wird von dir verlangt? Du …
interpretieren/ deuten	erfasst Texte unter Berücksichtigung der Bereiche Inhalt, Form bzw. (sprachliche) Gestaltung sowie der Intention des Textes und bringst sie in einen (Erklärungs-) Zusammenhang. *Z. B.: Deuten Sie, wofür die dargestellte Situation stehen könnte.*
beurteilen/ bewerten	bestimmst innerhalb eines Zusammenhangs die Bedeutung einer Behauptung/Aussage und begründest ein Urteil (ohne persönliche Bewertung). Bewerten: Wie „beurteilen", aber bei der Begründung legst du offen, welche persönlichen Maßstäbe du anlegst. *Z. B.: Beurteilen Sie die Idee des Projekts im Hinblick auf Chancen und Risiken für Jung und Alt.*
(kritisch) Stellung nehmen/ kommentieren	formulierst zu Meinungen, Texten und Problemstellungen eine Einsicht und begründest sie. *Z. B.: Nehmen Sie Stellung zur Rolle von Trainerinnen und Trainern sowie Eltern in diesem Zusammenhang.*
begründen	formulierst eine Meinung bzw. Argumentation durch Argumente, Belege, Beispiele. *Z. B.: Begründen Sie, warum eSport in das Sportangebot von Schulen aufgenommen werden soll oder nicht.*
erörtern/sich auseinandersetzen mit/ diskutieren	setzt dich nach der Beschäftigung mit einem Sachverhalt/einer Argumentation genau mit den Pro- und Contra-Argumenten auseinander und entwickelst eine selbstständige fundierte Stellungnahme. *Z. B.: Setzen Sie sich mit positiven und negativen Aspekten des Fotografierens heute auseinander.*
(über)prüfen	überprüfst die Gültigkeit einer These, Argumentation, Textaussage nach einem bestimmten Kriterium. *Z. B.: Überprüfen Sie anhand eigener Beobachtungen, wie sich die Anonymität im Internet auf den Sprachgebrauch der Internetnutzer/innen auswirkt.*
appellieren	formulierst eine Bitte/Aufforderung, die an eine bestimmte Person, Gruppe oder Institution gerichtet ist. *Z. B.: Appellieren Sie in Ihrem Sinne an die Zuhörer/innen.*
entwerfen	entwirfst zu einer Textvorlage nach vorhergehender Analyse einen eigenen Text nach bestimmten Kriterien. *Z. B.: Entwerfen Sie Vorschläge, wie Jugendliche in der Entwicklung der eigenen Identität unterstützt werden können.*
gestalten	gestaltest einen eigenen Text nach gewissen Kriterien und auf Basis einer Textvorlage.

4. DIE BEURTEILUNG

Beurteilungs-
raster
uez10x

4.1 Der Beurteilungsraster

Nicht nur die Aufgabenstellungen der SRDP im Fach Deutsch sind standardisiert, auch die Beurteilung erfolgt nach einer vorgegebenen Struktur und anhand eines **Beurteilungsrasters**.

Deine Lehrerin oder dein Lehrer muss die Arbeit anhand von vier „Bewertungsdimensionen" beurteilen:

Aufgabenerfüllung aus inhaltlicher Sicht

- **Leitfragen aus diesem Bereich:** Entsprechen die Schreibhandlungen der Maturantin/des Maturanten der geforderten Textsorte? Wurden die Arbeitsaufträge beachtet und erfüllt? Wurden die Textbeilagen erfasst? Ist der Inhalt des Textes sachlich richtig? Wie ist die Qualität der inhaltlichen Auseinandersetzung zu bewerten?

Aufgabenerfüllung aus textstruktureller Sicht

- **Leitfragen aus diesem Bereich:** Ist der Text gedanklich und der Form nach angemessen strukturiert, gibt es einen roten Faden? Wie gut wurde auf die Textbeilage(n) Bezug genommen? Wie ist der Einsatz passender **Kohäsionsmittel** zu bewerten? Ist der Text **kohärent**, gibt es also einen nachvollziehbaren inhaltlichen Sinnzusammenhang zwischen den Sätzen eines Textes? Kohärenz kann man u. a. durch Kohäsionsmittel herstellen, das sind etwa Konjunktionen (aber, doch, weil ...), Adverbien (daher, schon ...) oder Pronomen (sie, ihn, euch ...). Genaueres dazu findest du in › Über den Zeilenrand 5 S. 165–168‹

Aufgabenerfüllung in Bezug auf Stil und Ausdruck

- **Leitfragen aus diesem Bereich:** Wie sehr ist die Verwendung einer schreibhandlungs- und situationsadäquaten Sprache gelungen? Wie sind Ausdrucksweise und Wortwahl zu beurteilen? Inwiefern sind Satzkonstruktionen verständlich und variantenreich? Wie eigenständig wurde formuliert?

Aufgabenerfüllung hinsichtlich normativer Sprachrichtigkeit

- **Leitfragen aus diesem Bereich:** Wurden die Regeln der Orthografie, der Zeichensetzung und der Grammatik beachtet?

Auf den › Seiten 15 und 146 findest du den Beurteilungsraster in der dzt. gültigen Fassung. Wahrscheinlich kennst du ihn schon von Deutsch-Schularbeiten. Die fünf Kategorien sind:

- *nicht erfüllt* → entspricht einem *Nicht genügend* (5)
- *das Wesentliche überwiegend erfüllt* → entspricht einem *Genügend* (4)
- *das Wesentliche zur Gänze erfüllt* → entspricht einem *Befriedigend* (3)
- *über das Wesentliche hinausgehend erfüllt* → entspricht einem *Gut* (2)
- *weit über das Wesentliche hinausgehend erfüllt* → entspricht einem *Sehr gut* (1)

Nicht alle „Bewertungsdimensionen" sind für alle Textsorten relevant. Bei einer Zusammenfassung z. B. wird die Kategorie „eigenständig; gegebenenfalls ideenreich" in der Dimension „Aufgabenerfüllung aus inhaltlicher Sicht" keine Rolle spielen.

Kandidat/in:	Klasse/Jahrgang:	Prüfer/in:

SRDP / BRP Deutsch, Kroatisch, Slowenisch, Ungarisch – Beurteilungsraster für Text 1

K1	*nicht erfüllt*	*das Wesentliche überwiegend erfüllt*	*das Wesentliche zur Gänze erfüllt*	*über das Wesentliche hinausgehend erfüllt*	*weit über das Wesentliche hinausgehend erfüllt*
Inhalt	☐	☐	☐	☐	☐
Aufgaben-erfüllung aus inhaltlicher Sicht		Schreibhandlung(en) im Sinne der geforderten Textsorte überwiegend realisiert	Schreibhandlung(en) im Sinne der geforderten Textsorte weitgehend realisiert	Schreibhandlung(en) im Sinne der geforderten Textsorte durchgehend realisiert	Schreibhandlung(en) im Sinne der geforderten Textsorte umfassend realisiert
		Arbeitsaufträge überwiegend erfüllt	Arbeitsaufträge weitgehend erfüllt	alle Arbeitsaufträge erfüllt	alle Arbeitsaufträge umfassend erfüllt
		Textbeilage(n) im Sinne der Arbeitsaufträge überwiegend erfasst	Textbeilage(n) im Sinne der Arbeitsaufträge weitgehend erfasst	Textbeilage(n) im Sinne der Arbeitsaufträge vollständig erfasst	Textbeilage(n) im Sinne der Arbeitsaufträge vollständig erfasst
		sachlich überwiegend richtig	sachlich weitgehend richtig	sachlich richtig	sachlich durchgehend richtig
		Qualität der inhaltlichen Auseinandersetzung: oberflächlich/wenig treffsicher/reproduzierend	Qualität der inhaltlichen Auseinandersetzung: ansatzweise komplex/weitgehend treffsicher/Ansätze zur Eigenständigkeit	Qualität der inhaltlichen Auseinandersetzung: komplex/treffsicher/merklich eigenständig	Qualität der inhaltlichen Auseinandersetzung: in hohem Maße komplex/treffsicher/eigenständig; gegebenenfalls ideenreich
Textstruktur	☐	☐	☐	☐	☐
Aufgaben-erfüllung aus textstruktureller Sicht		Kohärenz: Text gedanklich und formal überwiegend der Textsorte angemessen strukturiert	Kohärenz: Text gedanklich und formal weitgehend der Textsorte angemessen strukturiert	Kohärenz: Text gedanklich und formal durchgehend der Textsorte angemessen und klar strukturiert	Kohärenz: Text gedanklich und formal durchgehend der Textsorte angemessen, klar, zielgerichtet und gegebenenfalls eigenständig strukturiert
		Bezugnahme auf die Textbeilage(n) im Sinne der geforderten Textsorte überwiegend erkennbar	Bezugnahme auf die Textbeilage(n) im Sinne der geforderten Textsorte realisiert	gelungene Verknüpfung mit der/den Textbeilage(n) im Sinne der geforderten Textsorte	besonders gelungene Verknüpfung mit der/den Textbeilage(n) im Sinne der geforderten Textsorte
		Einsatz passender Kohäsionsmittel überwiegend erkennbar	Einsatz passender Kohäsionsmittel weitgehend erkennbar	nahezu durchgehender Einsatz passender Kohäsionsmittel	durchgehender Einsatz passender Kohäsionsmittel
K1	☐	☐	☐	☐	☐

K3/1	*nicht erfüllt*	*das Wesentliche überwiegend erfüllt*	*das Wesentliche zur Gänze erfüllt*	*über das Wesentliche hinausgehend erfüllt*	*weit über das Wesentliche hinausgehend erfüllt*
Stil/Ausdruck	☐	☐	☐	☐	☐
Aufgaben-erfüllung in Bezug auf Stil und Ausdruck		überwiegend schreibhandlungs- und situationsadäquate Sprachverwendung	weitgehend schreibhandlungs- und situationsadäquate Sprachverwendung	nahezu durchgehend schreibhandlungs- und situationsadäquate Sprachverwendung	durchgehend schreibhandlungs- und situationsadäquate Sprachverwendung
		überwiegend angemessene und semantisch korrekte Ausdrucksweise sowie geringe Varianz in der Wortwahl	weitgehend angemessene und semantisch korrekte Ausdrucksweise sowie variantenreiche Wortwahl	durchgehend angemessene und semantisch korrekte Ausdrucksweise sowie präzise und variantenreiche Wortwahl	durchgehend angemessene und semantisch korrekte Ausdrucksweise sowie besonders präzise, differenzierte und variantenreiche Wortwahl
		überwiegend gut verständliche bzw. nur wenig variierende Satzstrukturen	weitgehend gut verständliche und variantenreiche Satzstrukturen	durchgehend variantenreiche und komplexe bzw. der Textsorte angemessene Satzstrukturen	besonders variantenreiche und komplexe bzw. der Textsorte angemessene Satzstrukturen
		viele an die Textbeilage(n) angelehnte oder wörtlich übernommene Formulierungen	weitgehend eigenständige Formulierungen	nahezu durchgehend eigenständige Formulierungen	durchgehend eigenständige Formulierungen
Sprachnormen	☐	☐	☐	☐	☐
Aufgaben-erfüllung in Bezug auf normative Sprach-richtigkeit		überwiegend richtige Anwendung der Regeln der Orthografie	weitgehend richtige Anwendung der Regeln der Orthografie	richtige Anwendung der Regeln der Orthografie; wenige Fehler	orthografisch (nahezu) fehlerfrei
		überwiegend richtige Anwendung der Regeln der Zeichensetzung	weitgehend richtige Anwendung der Regeln der Zeichensetzung	richtige Anwendung der Regeln der Zeichensetzung; wenige Fehler	Zeichensetzung (nahezu) fehlerfrei
		überwiegend richtige Anwendung der Regeln der Grammatik	weitgehend richtige Anwendung der Regeln der Grammatik	richtige Anwendung der Regeln der Grammatik; wenige Fehler	grammatikalisch (nahezu) fehlerfrei
K3/1	☐	☐	☐	☐	☐

gültig ab Schuljahr 2022/2023

4.2 Die Regeln der Beurteilung

Grundsätzlich ist keiner dieser Bereiche „wichtiger" als die anderen. Bei der Beurteilung werden allerdings nicht bloß Teilnoten addiert, sondern es werden Bewertungsdimensionen zu **Kompetenzbereichen** zusammengefasst. Dabei gilt:

Kompetenzbereich 1	Inhalt und Textstruktur des ersten Textes
Kompetenzbereich 2	Inhalt und Textstruktur des zweiten Textes
Kompetenzbereich 3	Stil, Ausdruck und normative Sprachrichtigkeit beider Texte zusammen

Die Bewertungen (Teilnoten) dieser drei Kompetenzbereiche werden addiert und durch drei dividiert. Dabei gelten noch die folgenden Regeln:

- In den **Kompetenzbereichen 1 und 2** muss bei allen Beurteilungsdimensionen zumindest die Kategorie „das Wesentliche überwiegend erfüllt" erreicht werden (entspricht der Teilnote *Genügend*). Ist auch nur eine Beurteilungsdimension mit „nicht erfüllt" bewertet, dann ist die Klausur insgesamt ein *Nicht genügend*.
- Für den **Kompetenzbereich 3** gibt es die Möglichkeit eines Ausgleichs. Wenn in einem der beiden Texte eine Beurteilungsdimension in diesem Bereich mit „nicht erfüllt" beurteilt wird, im anderen Text diese allerdings deutlich positiv ist, dann kann insgesamt eine Beurteilung mit „das Wesentliche überwiegend erfüllt" gegeben werden.

Das bedeutet für dich: Besonders wichtig ist es, bei beiden Texten Wert auf Inhalt und Textstruktur zu legen. Solltest du einen der beiden Texte im Hinblick auf Rechtschreibung oder Grammatik „verpatzen", dann kann das durch einen in dieser Hinsicht passablen zweiten Text ausgeglichen werden.

KNAPP UND SACHLICH

Die Zusammenfassung

Jst es schlimm, wenn meine Zusammenfassung zu lang geworden ist?

Was mache ich, wenn ich beim Schreiben merke, dass meine Zusammenfassung garantiert zu lang wird?

Jst die Zusammenfassung eine schwierige Textsorte?

Was sind häufige Fehler, auf die ich besonders achten muss?

Kann ich komplizierte Abschnitte, Sätze oder Wörter aus dem Ausgangstext übernehmen?

Was kann ich machen, um wörtliche Übernahmen zu vermeiden?

01 Ergänze selbst weitere Fragen, die du zu dieser Textsorte hast. Schreibe in die leeren Sprechblasen. L

veritas.at/code

GRUNDLEGENDES: DIE TEXTSORTE KENNENLERNEN

Erklärvideo Zusammenfassung uez260

Was ist das Besondere an einer Zusammenfassung?	Eine **Zusammenfassung** … › gibt **die wesentlichen Aussagen** in verkürzter und verdichteter Form wieder. Unwesentliches kann weggelassen werden. › gibt den gedanklichen und argumentativen Aufbau des Ausgangstextes wieder. › ist **sachlich** und informierend verfasst. › ist klar **strukturiert**. › gibt fremde Gedanken, Meinungen, Behauptungen und Schlussfolgerungen indirekt wieder, etwa durch die **Verwendung des Konjunktivs** (*sie ginge, untersuche, könnte*). › enthält **keine Wertungen** und Kommentare von deiner Seite. › ist **in eigenen Worten** verfasst, übernimmt also keine längeren Passagen aus der Textvorlage. › ist im **Präsens** verfasst. Geschehnisse, die in der Vergangenheit liegen, werden im **Perfekt** wiedergegeben (Zeitenfolge). Z. B.: *Nachdem sie die Verhandlungen abgeschlossen haben, kommt es zur Abstimmung.*
Für wen schreibe ich die Zusammenfassung?	Die Matura-Angabe (mit Ausnahme des literarischen Themas), aber auch die Schularbeitsangaben in der Oberstufe, geben Auskunft über die **Situation**, in der ein Text entstehen soll. Oft geht es darum, für ein **Schulprojekt**, ein **Referat** oder die **Schülerzeitung** einen Ausgangstext zusammenzufassen. Damit sind auch die **Adressatinnen und Adressaten** der Zusammenfassung vorgegeben – meist Mitschülerinnen und Mitschüler, Lehrerinnen und Lehrer oder generell Erwachsene. Diese kennen den Ausgangstext nicht und werden durch deine Zusammenfassung über einen bestimmten Sachverhalt kurz und knapp informiert.
Welche Texte muss ich zusammenfassen?	Die Ausgangstexte können sehr unterschiedlich sein: Häufig sind es **journalistische Texte**, also z. B. **Zeitungsberichte, Reportagen, Interviews**. Auch **Sachtexte, Grafiken** oder **Statistiken** (also nichtlineare Texte) können die Ausgangsbasis für deine Zusammenfassung sein.
Wie lang soll die Zusammenfassung werden?	Die Zusammenfassung gehört zu den kurzen Textsorten (› S. 9f.) und soll meist **zwischen 270 und 330 Wörter lang** sein. Unter- und Überschreitungen der geforderten Wortanzahl sind problematisch, weil Inhalte dann häufig zu knapp oder auch zu ausführlich wiedergegeben werden.
Wie ist eine Zusammenfassung aufgebaut?	› **Einleitung** mit allen Basisinformationen (oft als **Basissatz** bezeichnet) und **Thema** des Ausgangstextes › **Hauptteil** › **Schlussteil** entfällt

DARUM GEHT'S: DIE ANGABE VERSTEHEN

Die Operatoren, die du häufig in Schreibaufträgen für eine Zusammenfassung findest, gehören im Wesentlichen in den Anforderungsbereich „Reproduktion" (› siehe S. 12 oben):

- *Benennen Sie …* (Anforderungsbereich 1: Reproduktion)
- *Beschreiben Sie …* (Anforderungsbereich 1: Reproduktion)
- *Geben Sie … wieder* (Anforderungsbereich 1: Reproduktion)
- *Fassen Sie … zusammen* (Anforderungsbereich 1: Reproduktion)

Pro Schreibauftrag musst du mit zwei bis vier Arbeitsaufträgen rechnen, das entspricht also zwei bis vier Operatoren, die bearbeitet werden müssen.

02 Untersuche die drei Schreibaufträge in diesem Kapitel (› S. 26, S. 29, S. 36). Unterstreiche jeweils die Operatoren. L

› Ordne sie auch dem jeweiligen Anforderungsbereich (vgl. › Einleitung S. 12f. ‹) zu. Vergleiche sie mit den oben genannten Operatoren. Was kannst du feststellen? Notiere deine Erkenntnisse.

HIN ZUM EIGENEN TEXT: VERSTEHEN UND PLANEN

Methoden der Texterschließung: Markieren, Unterstreichen, Gliedern, Verdichten

Ein wichtiger Arbeitsschritt ist das genaue und sorgfältige Lesen der Textvorlage. Um diesen Schritt zu meistern, können die folgenden **Tipps** hilfreich sein:

- Verwende Textmarker, Farbstifte oder Fineliner unterschiedlicher Farben.
- Markiere bzw. unterstreiche wichtige Inhalte/wesentliche Aussagen in einer Farbe, während du den Text liest.
- Unterwelle Begriffe, die du nicht kennst oder deren Bedeutung dir in diesem Zusammenhang unklar ist. Verwende am besten eine andere Farbe.
- Rahme Namen von Expertinnen und Experten oder von Personen ein, die im Ausgangstext genannt werden.
- Unterstreiche die Funktion dieser Personen (z. B. Leiter des Max-Planck-Instituts für …) sowie Behauptungen, Meinungen und Ansichten dieser Personen.
- Schreibe die **Schlüsselwörter** der einzelnen Abschnitte an den Rand. Wenn ausreichend Platz vorhanden ist, dann fasse zentrale Aussagen in der **Randspalte** zusammen.
- Füge eigene **Zwischenüberschriften** ein, um den Ausgangstext deutlicher zu gliedern.
- Halte nach dem ersten Lesen einmal inne, überblicke den Text und stell dir folgende Fragen:
  › Wie ist der Text aufgebaut? Welche Abschnitte folgen aufeinander? Was steht in jedem Abschnitt?

› Für wen könnte der Text geschrieben sein?

› Welches Ziel könnte die Autorin oder der Autor mit dem Text verfolgen?

- Lies jetzt den Text ein zweites Mal und ergänze Markierungen, wo dir dies sinnvoll erscheint.
- Schlage jene Begriffe nach, die für das Verständnis des Textes nötig sind.

03 Lies jetzt den Zeitungsbericht (Text 1) und wende verschiedene Methoden der Texterschließung an. Markiere also, wie in den Tipps 2 bis 5 angegeben, und fasse absatzweise die zentralen Aussagen in den Boxen in der Randspalte zusammen. Schlage auch die drei Fremdwörter in der „Infobox" **› S. 20 unten nach.** **L**

Text 1

Entspannende Klänge

Musik reduziert Stress und lindert körperliche Beschwerden

stock.adobe.com/fetxu

Psychologen wollen neue Erkenntnisse für niederschwelligen therapeutischen Zugang per App nutzen

Dass Musik auf Menschen mit gesundheitlichen Beeinträchtigungen eine lindernde, bisweilen sogar heilsame Wirkung hat, ist keine große Neuigkeit. So hat sich etwa gezeigt, dass harmonische Klänge bei der Krebstherapie psychische Begleitsymptome mildern oder nach einem Schlaganfall die Gehirnaktivität fördern können. Frühgeborenen wiederum kann Musik den Start ins Leben erleichtern, indem sie einen positiven Einfluss auf Störungen in der Gehirnentwicklung hat.

ZUSAMMENFASSUNG

Musik kann heilende Wirkung haben; positive Effekte bei Krebstherapie, nach Schlaganfall und bei Gehirnentwicklung bei Frühgeborenen

Nun können Wiener Psychologen mit einer Analyse zu dem Effekt von Musik bei Menschen mit Somatischer Belastungsstörung (SSD) oder Depression aufwarten. Nach der im Fachjournal „Scientific Reports" veröffentlichten Studie reduziert Musikhören das Stressniveau und somit indirekt die körperlichen Beschwerden. Das lässt sich auch therapeutisch nutzen.

Studie von Wiener Psychologen: positive Effekte auch bei Menschen mit Somatischer Belastungsstörung oder mit Depressionen; therapeutischer Nutzen möglich

Tagebuch und Speichelproben

Im Rahmen der Studie führten 58 Frauen, von denen die meisten schon seit über einem Jahr durch körperliche Symptome wie Schmerzen, Erschöpfung oder Übelkeit beeinträchtigt waren, über 14 Tage hinweg ein elektronisches Tagebuch. Sie beantworteten über eine App sechs Mal am Tag Fragen zu ihrem Befinden und ihrem Musikhörverhalten. Ebenso oft gaben sie Speichelproben ab, die dann auf den Gehalt von den auf Stresszustände hinweisenden Substanzen Cortisol und Alpha-Amylase untersucht wurden.

Die Forschungsgruppe vom „Music & Health Lab" um den Klinischen Psychologen Urs Nater von der Universität Wien wollte damit die Wirkung von Musik auf Personen mit chronischen körperlichen Leiden abseits von sonst vielfach durchgeführten Untersuchungen im Labor oder in Kliniken untersuchen. Weil es Geschlechterunterschiede bei der Empfänglichkeit für Musik gibt und Frauen tendenziell häufiger von Stress-abhängigen körperlichen Leiden betroffen sind, nahmen an der Tagebuchstudie nur Frauen teil.

Indirekte Verbesserung

Die Wissenschafter um die Erstautorin der Arbeit, Anja Feneberg, fanden heraus, dass Musikgenuss die körperlichen Leiden der Patientinnen zwar nicht direkt linderte, das von den Teilnehmerinnen empfundene Stressniveau aber gesenkt wurde. Damit habe man es mit einem indirekten Effekt der Musik auf den Körper zu tun. Auch der naheliegende Schluss, dass als fröhlich empfundene Musik die körperlichen Beschwerden indirekt verbessern konnte, und beruhigende Musik den Patientinnen Entspannung verschaffte, fand sich in den Daten aus der Studie wieder. „Wir konnten somit einen wichtigen Mechanismus identifizieren: Musikhören im Alltag hatte in unserer Studie zunächst einen stressreduzierenden Effekt, und diese Stressreduktion zog dann eine Besserung körperlicher Symptome nach sich", so Feneberg.

Die Erkenntnisse möchten die Psychologen nun auch im therapeutischen Bereich nutzen, denn die Musik könne sozusagen auch als Einstieg in eine Behandlung fungieren. [...]

Maßgeschneiderte Playlists

Man könne nämlich „ohne großen technischen Aufwand mit einer App den Personen zum Beispiel maßgeschneiderte Playlists, die fröhliche und zugleich entspannende Lieder enthalten, und die Betroffene in Momenten erhöhten Stresserlebens oder verstärkter körperlicher Beschwerden anhören können, zur Verfügung stellen", erklärte Nater.

Menschen, deren Gedanken sehr häufig und intensiv um die eigenen körperlichen Leiden kreisen, könnte so bereits geholfen werden. [...] (red, APA, 29.12.2021)

Musik reduziert Stress und lindert körperliche Beschwerden. In: derstandard.at, 19.12.2021 (gekürzt und gegendert)

INFOBOX

(das) Symptom: ______________________

tendenziell: ______________________

fungieren: ______________________

veritas.at/code

04 **Du hast jetzt den Ausgangstext aufmerksam gelesen und weißt über das Thema und den Inhalt des Berichts Bescheid. Vervollständige die folgenden Sätze, um das zu beweisen.** L

Wiener Psychologinnen und Psychologen können nachweisen, dass ______________________

____

Eine mit 58 Frauen durchgeführte Studie zeigt, dass ______________________

____

Die Psychologinnen und Psychologen planen, ______________________

____

Eine alternative Methode der Texterschließung: Wegstreichen

stock.adobe.com/Andrey Popov

Eine weitere Methode, den Ausgangstext inhaltlich zu verdichten, ist die **Wegstreichmethode**: Bei dieser Strategie werden unwesentliche Textteile durchgestrichen. Das kann in mehreren Schritten erfolgen. Weniger relevante Ausführungen, Beispiele, Randbemerkungen und Details werden gelöscht. Die wesentliche Information bleibt bestehen.

So könnte das Ergebnis nach einem ersten Durchgang an Streichungen aussehen:

Musik reduziert Stress und lindert körperliche Beschwerden

~~Dass~~ Musik ~~auf Menschen mit~~ gesundheitlichen Beeinträchtigungen eine lindernde, ~~bisweilen~~ sogar heilsame Wirkung ~~hat, ist keine große Neuigkeit. So hat sich etwa gezeigt, dass harmonische Klänge~~ bei der Krebstherapie psychische Begleitsymptome mildern ~~oder~~ nach einem Schlaganfall ~~die~~ Gehirnaktivität fördern ~~kann~~. Frühgeborenen ~~wiederum kann Musik den Start ins Leben erleichtern, indem sie einen~~ positiven Einfluss auf ~~Störungen in der~~ Gehirnentwicklung ~~haben~~.

~~Nun können~~ Wiener Psychologen ~~mit einer~~ Analyse ~~zu dem~~ Effekt von Musik bei ~~Menschen mit~~ Somatischer Belastungsstörung (SSD) oder Depression ~~aufwarten~~. Nach ~~der im Fachjournal „Scientific Reports“ veröffentlichten~~ Studie reduziert Musikhören das Stressniveau und ~~somit indirekt die~~ körperlichen Beschwerden. ~~Das lässt sich~~ auch therapeutisch nutzen.

Die verbleibenden Satzbruchstücke bilden den inhaltlichen Kern der Zusammenfassung. Sie können zu einem neu formulierten Fließtext zusammengesetzt werden. Achte allerdings darauf, keine Formulierungen wortwörtlich zu übernehmen.

Wende diese Methode versuchsweise bei einem Ausgangstext in diesem Abschnitt an. Du kannst diese Methode auch mit anderen Methoden (› S. 18) mischen.

SPRACHLICHE MITTEL: DIE RICHTIGEN WORTE FINDEN

Die Einleitung

Die Einleitung besteht aus einem Satz mit den **Basisinformationen** und ein bis zwei Sätzen, in denen das **Thema** des Ausgangstextes umrissen wird. Die **Basisinformationen** sind:

- Autorin/Autor des Ausgangstextes
- „Titel" (in Anführungszeichen)
- Textsorte (Reportage, Zeitungsbericht, Interview …)
- Erscheinungsort (Name des Mediums in Anführungszeichen bzw. Kursivdruck; keine Beugung, also z. B. *Der Artikel erschien in der Online-Ausgabe des „Standard".*)
- Erscheinungsdatum
- Erscheinungsweise (Print-Ausgabe oder Online-Ausgabe)

05 **Lies die folgenden Beispiele für Einleitungen zu Text 1. Beurteile jeweils, ob alle Angaben vorhanden sind. Gib anschließend an, wie du die Einleitungen findest. Bewerte zuletzt mit Schulnoten.** L

	Einleitung 1	Einleitung 2	Einleitung 3
	Der Bericht „Musik reduziert Stress und lindert körperliche Beschwerden", erschienen am 29. Dezember 2021 in der online-Ausgabe von „Der Standard" beschreibt die heilsame Wirkung von Musik sowie Möglichkeiten des therapeutischen Einsatzes von Musik bei verschiedenen Erkrankungen.	Der Bericht „Musik reduziert Stress und lindert körperliche Beschwerden" wurde von red verfasst und ist am 29. Dezember 2021 im Standard erschienen. Es geht darin um neue Projekte, wie eine App kranken Menschen helfen kann.	Der am 29. Dezember 2021 in der Tageszeitung „Der Standard" erschienene Bericht mit dem Titel „Musik reduziert Stress und lindert körperliche Beschwerden" beschäftigt sich mit der therapeutischen Wirkung von Musik.
vollständig?			
Beurteilung (verbal)	gelungen/ weniger gelungen finde ich …		
Bewertung (Schulnote)			

ZUSAMMENFASSUNG

veritas.at/code

Formulierungshilfen für die Einleitung:

- Der Bericht/Der Artikel/Die Reportage/Das Interview *„Titel"* wurde von *Autorin/Autor* verfasst …
- In dem am *Datum* in (der) *„Name des Mediums"* erschienenen Bericht mit dem Titel …. geht es um …
- Der Bericht *„Titel"* ist am *Datum* in der Tageszeitung „Der Standard" erschienen …
- ist in der Online-Ausgabe … /ist in der Printausgabe des „Standard" erschienen …
- ist in der „Presse" … ist in der Tageszeitung „Die Presse" erschienen …
- ist in den „Salzburger Nachrichten" erschienen …
- In dem Bericht *„Titel"*, verfasst von *Autorin/Autor*, der am *Datum* in *„Name des Mediums"* erschienen ist, berichtet die Autorin/der Autor über …
- … befasst sich mit dem Thema … /behandelt das Thema … stellt dar … geht der Frage nach, …
- die Autorin/der Autor berichtet … /informiert die Leserin/den Leser … setzt sich mit … auseinander

Der Hauptteil

Eines der Ziele einer Zusammenfassung ist es, Aussagen, Meinungen und Behauptungen, die im Ausgangstext vorkommen (als Aussagen der Autorin/des Autors oder auch als Aussagen von Expertinnen und Experten, die direkt oder indirekt zitiert werden) **wertfrei** wiederzugeben. Für diese **wertfreie, distanzierte** und **sachliche** Wiedergabe von zentralen Aussagen stehen dir mehrere Möglichkeiten zur Verfügung:

1. Konjunktiv

Der Konjunktiv I wird aus dem Präsens-Stamm gebildet (z. B. *er suche*).

Der Konjunktiv II wird aus dem Präteritum-Stamm gebildet (z. B. *er nähme* – mit Umlaut, da die Präteritumform *er nahm* lautet) und kommt dann zum Einsatz, wenn sich Konjunktiv I und Indikativ nicht unterscheiden und die Form als Konjunktiv nicht erkennbar ist.

Beispiel:

- **Direkte Rede:** *Die Sportler: „Wir fliegen als Team zu den Olympischen Spielen."*
- **Indirekte Rede:** Die Sportler meinen, *sie fliegen* als Team zu den Olympischen Spielen. → Indikativ und Konjunktiv I sind ident, daher ist ein Wechsel zum Konjunktiv II nötig: *Die Sportler meinen, sie flögen als Team zu den Olympischen Spielen.*

Ist der Konjunktiv II – wie in diesem Beispiel – ungebräuchlich oder unüblich, dann kann der Konjunktiv durch eine Konstruktion mit „würde" umschrieben werden: *Die Sportler meinen, sie würden als Team zu den Olympischen Spielen fliegen.*

Die indirekte Rede verlangt den Einsatz von bestimmten **Verben des Sagens und Meinens**. Die Möglichkeiten sind hier vielfältig, z. B.: meinen, sagen, behaupten, herausstreichen, folgern, antworten, erläutern, versprechen, erzählen, darstellen, darlegen, berichten, informieren.

2. dass-Sätze

Wandle die direkte Rede in einen dass-Satz um. In diesem Fall kannst du selbst entscheiden, ob du im dass-Satz den Konjunktiv oder den Indikativ verwenden möchtest.

Beispiel:

direkte Rede: *Jn sozialen Netzwerken gehen wir vermeintliche Beziehungen ein, die unüberschaubar sind.*

Lutz Jänke behauptet, *dass wir in sozialen Netzwerken vermeintliche Beziehungen eingehen, die unüberschaubar sind.* (Indikativ im dass-Satz)

Lutz Jänke behauptet, *dass wir in sozialen Netzwerken vermeintliche Beziehungen eingingen, die unüberschaubar seien.* (Konjunktiv im dass-Satz)

06 **Lutz Jänke, Professor für Neurobiologie an der Universität Zürich, gab im Juni 2021 für die Tageszeitung „Der Standard“ ein Interview.**
Gib die Antwort des Forschers in indirekter Rede wieder. L

stock.adobe.com/jackfrog

STANDARD: Der Mensch ist evolutionsbiologisch angepasst an soziales Leben in relativ kleinen Gruppen, Sie sprechen von etwa 40 Personen. Was bedeutet das heute für die Hunderte von Kontakten, mit denen wir über soziale Netzwerke verknüpft sind?

Jäncke: Wie andere Primaten bauen wir zu unseren Sozialpartnern Vertrauen und intensive Bindungen auf – gerade weil wir wissen, dass der Mensch auch ein egoistisches Wesen ist. Das läuft vereinfacht gesagt über gegenseitiges Gefallen, nach dem Prinzip „tit for tat“, „wie du mir, so ich dir“. Dieser Vertrauensaufbau ist fragil: Wenn er einmal gestört wird, dauert es lange, bis wir das reanimieren können. In sozialen Netzwerken gehen wir vermeintliche Beziehungen ein, die unüberschaubar sind. Bei tausenden Kontakten, die digital um uns herumschwirren, haben wir keine Zeit für eine solche Kontaktpflege, es sind einfach zu viele für unser Gehirn.

Sica, Julia: Neuropsychologe: Es würde uns helfen, disziplinierter und weniger lustgetrieben zu sein. In: derstandard.at, 26.6.2021 (gekürzt, leicht verändert)

Jänke meint, wie andere Primaten bauten wir zu unseren Sozialpartnern Vertrauen und intensive Bindungen auf – gerade weil wir wüssten, dass der Mensch ein egoistisches Wesen ist.

veritas.at/code

3. Verweis auf die Quelle

Eine distanziert-sachliche Darstellung sollte durchgehend deine Zusammenfassung charakterisieren. Daher ist es sinnvoll, immer wieder auf den oder die Urheber der von dir dargestellten Zusammenhänge zu verweisen.

Formulierungshilfen für die Wiedergabe von Meinungen:

- Laut Verfasserin/Verfasser kommt …
- Nach Meinung der Expertinnen/Experten … /Nach Meinung von Lutz Jänke …
- Den angeführten Forscherinnen/Forschern zufolge … der Studie/Lutz Jänke zufolge …
- Die/Der Interviewte vertritt die Meinung, dass … /deutet an, dass …
- Die Interviewpartnerin/Der Interviewpartner begründet diese Annahme mit …
- Ihre/Seine Meinung stützt sie/er auf …
- Zu einem ähnlichen Ergebnis kommt auch die Expertin/der Experte …
- Als Grund/Gründe nennt die Verfasserin/der Verfasser …
- Der Autorin/Dem Autor ist wichtig zu betonen, dass …
- Die Studienautoren/Expertinnen/Forscher gehen davon aus, dass …/sind der Meinung, dass … /sind der Ansicht, dass …

Im Hauptteil deiner Zusammenfassung solltest du auch Aussagen zum gedanklichen und argumentativen Aufbau des Ausgangstextes machen › S. 17. Oft ist es hilfreich, die Struktur des Ausgangstextes in deiner Zusammenfassung abzubilden. Du kannst dabei abschnittsweise, also chronologisch, vorgehen.

Formulierungshilfen zum Beschreiben der Struktur des Ausgangstextes:

- Der Artikel/Bericht … Das Interview gliedert sich in …
- Die Autorin/Der Autor beginnt mit der Vermutung, dass …/der Frage, ob …
- Einleitend/Zu Beginn äußert die Verfasserin/der Verfasser die Vermutung, dass …/ stellt die Vermutung auf, dass … legt dar, wie …
- … geht von der Frage/Beobachtung/Problematik aus …
- Im ersten Drittel des Interviews behandelt … das Thema/die Frage
- Die Autorin/Der Autor befasst sich im weiteren Verlauf mit dem Thema … und zeigt dabei auf, dass …
- … gibt einen Überblick/einen Vergleich an …
- Besonders möchte die Verfasserin/der Verfasser des Artikels darauf hinweisen, dass …
- Ganz klar streicht sie/er heraus, dass …
- Die Autorin/Der Autor kommt zu dem Ergebnis/der Schlussfolgerung … stellt abschließend …

Mustertext uez 261

Checkliste uez 262

JETZT ICH: EINEN TEXT VERFASSEN

07 **Bearbeite Schreibauftrag 1.** L

Schreibauftrag 1

Verfassen Sie eine Zusammenfassung.

Situtation: Als Vorbereitung auf eine Podiumsdiskussion mit den UmweltsprecherInnen der im Parlament vertretenen Parteien werden Sie gebeten, ein Interview mit einem der einflussreichsten Ökologen Österreichs zusammenzufassen.

Lesen Sie das Interview *Ökologe Essl: „Österreichs Artenvielfalt ist massiv unter Druck"*, das am 21. Oktober 2020 im „Standard"-Wissenschaftsmagazin „Forschung" erschienen ist.

Verfassen Sie anschließend eine **Zusammenfassung** und bearbeiten Sie dabei folgende Arbeitsaufträge:

- Geben Sie wieder, warum die Biodiversität in Österreich in Gefahr ist.
- Beschreiben Sie anhand der Ausführungen des Interviewpartners, welche Zusammenhänge es zwischen Biodiversität und Klimawandel gibt.
- Fassen Sie Ziele und Bedeutung des Biodiversitätsrates, dessen Mitglied der Interviewte ist, zusammen.

Schreiben Sie zwischen 270 und 330 Wörter.
Markieren Sie Absätze durch Leerzeilen.

stock.adobe.com/Cons

Biodiversität

Ökologe Essl: „Österreichs Artenvielfalt ist massiv unter Druck"

Um das Artensterben einzudämmen, braucht es Geld und ein bundesweites Biodiversitätsgesetz, sagt Essl

Österreich besitzt, gemessen an seiner Größe, eine äußerst hohe Artenvielfalt. Doch durch Landwirtschaft und Flächenverbrauch gerät der Artenreichtum hierzulande zunehmend in Bedrängnis. Ökologen um Franz Essl haben daher den Biodiversitätsrat gegründet und die Ausrufung des nationalen Artennotstands gefordert.

STANDARD: Wie steht es um die Artenvielfalt in Österreich?

Essl: Österreich ist zwar klein an Fläche, aber es ist das artenreichste Land Mitteleuropas, auch artenreicher als große Nachbarstaaten wie Deutschland. Hierzulande finden Arten sehr unterschiedliche Lebensräume vor: die Alpen, aber auch Südkärnten oder die pannonische Ebene im Osten. Diese außergewöhnliche Vielfalt ist in den vergangenen Jahrzehnten massiv unter Druck gekommen.

STANDARD: Woran liegt das?

Essl: Es gibt nicht eine alleinige Ursache, die Land- und Forstwirtschaft spielt aber eine wesentliche Rolle. Der zweite große Faktor ist ein extrem hoher Flächenverbrauch für Siedlungen und Verkehrsinfrastruktur: Österreich verbaut

veritas.at/code

täglich Flächen in der Größe von 20 Fußballfeldern. Weiters sind 70 Prozent der Flüsse gestaut. All diese Faktoren werden künftig noch durch den Klimawandel überlagert.

STANDARD: Welche Zusammenhänge gibt es zwischen Artenverlust und Klimawandel?

Essl: Klimaschutz und Biodiversitätsschutz sind siamesische Zwillinge: Die Klimaziele können nur erreicht werden, wenn auch der Biodiversitätsverlust gestoppt wird. Etwa ein Viertel aller Emissionen kommen nicht aus Schornsteinen oder Auspuffen, sondern aus der Zerstörung von Lebensräumen, etwa indem CO_2 durch Rodung von Wäldern freigesetzt wird. Derzeit ist der Klimawandel nicht der maßgeblichste Faktor für den Artenverlust, doch er wird künftig stark auf die Lebensräume einwirken. Jeder Waldviertler Bauer weiß, dass die Fichtenbestände in tiefen Lagen schon heute durch den Klimawandel einem starken Stress ausgesetzt sind. Ein anderes Beispiel: In Wien ist die Begrünung eine der Antworten, um den Sommer in der Stadt erträglicher zu gestalten. Doch aufgrund der trockenen Hitzesommer sterben viele der traditionellen Baumarten am Gürtel und in innerstädtischen Grünanlagen wie Kastanie, Ahorn oder Linden ab. Die Stadt Wien pflanzt nun südliche Arten.

STANDARD: Welche Auswirkungen hat Artensterben für die Menschen?

Essl: Stabile Ökosysteme sind der Rahmen, in den unsere Gesellschaft eingebettet, ist. Wenn wir sie zerstören, setzen wir dieses stabile Fundament aufs Spiel. Die Nahrungsmittelproduktion ist von gesunden Böden abhängig. Intakte Ökosysteme schützen uns auch vor Naturgefahren wie Hochwasser oder Muren.

STANDARD: In der Klimaforschung sind in den vergangenen Jahren sogenannte Kippelemente stärker in den Fokus gerückt, durch die es zu unkontrollierten und selbstverstärkenden Effekten kommt. Gibt es solche Kippelemente auch bei der Biodiversität?

Essl: In der Biodiversitätsforschung sind solche Kipppunkte bisher nicht identifiziert worden, was aus meiner Sicht damit zu tun hat, dass Ökosysteme meist aus hunderten oder tausenden Arten bestehen. Die hochkomplexen Zusammenhänge lassen sich wahrscheinlich nie gut genug verstehen, um Kipppunkte festzustellen. Man kann aber eine Faustregel aus der Forschung ableiten: Je stärker die Artenvielfalt zurückgeht, desto größer sind die Risiken. Zudem treten viele Effekte zeitlich verzögert auf. Eine Art stirbt nicht von heute auf morgen aus. Daher ist rasches Handeln dringend nötig, denn die vollen langfristigen Folgen des Artenverlusts lassen sich heute noch gar nicht erkennen.

STANDARD: Welche Maßnahmen sind notwendig?

Essl: Komplexe Phänomene wie der Klimawandel oder Biodiversitätsverlust haben viele Ursachen, und es gibt dafür nicht eine einfache Lösung. Klar ist, dass es einen massiven Wechsel in den politischen und rechtlichen Rahmenbedingungen braucht. Die Bewahrung und nachhaltige Nutzung von Natur muss sich auch ökonomisch lohnen. Kurzfristige Profitmaximierung darf nicht dazu führen, dass die langfristige Zukunft unserer Gesellschaft aufs Spiel gesetzt wird. […]

STANDARD: Sie sind Mitglied des Leitungsteams des Biodiversitätsrats, der 2019 gegründet wurde. Wie lautet Ihr Fazit nach einem Jahr?

Essl: Unsere Forderungen umfassen wesentliche Punkte, die in Österreich umzusetzen sind, um bis 2030 die Trendwende zu einer nachhaltigen Gesellschaft zu erreichen. Aus unserer Sicht sind im vergangenen Jahr bereits erste positive Schritte gesetzt worden. Aber ob das Ziel einer Trendwende bis 2030 erreicht wird, hängt davon ab, ob die positiven Schritte auch eine ambitionierte Umsetzung erfahren. Die nationale Biodiversitätsstrategie spielt dabei eine wichtige Rolle. Im vorliegenden Entwurf stehen viele richtige und wichtige Punkte: etwa die Erhöhung geschützter Flächen in Österreich auf 30 Prozent bis 2030 oder die Halbierung des Einsatzes von Pestiziden in der Landwirtschaft bis 2030. Entscheidend ist: Werden diese Ziele verbindlich sein? Das ist noch nicht geklärt. Man kann solche Ziele nur erreichen, wenn man entsprechende Mittel bereitstellt. Es braucht eine nationale Biodiversitätsmilliarde. Zudem ist ein Biodiversitätsgesetz notwendig. Derzeit gibt es neun Naturschutzgesetze, jeweils auf Bundesländerebene. Auf Bundesebene gibt es wenige gesetzliche Möglichkeiten, um Natur- und Biodiversitätsschutz umzusetzen.

STANDARD: Bleibt noch die Frage: Was kann denn jeder Einzelne tun, um den Artenverlust aufzuhalten?

Essl: Jeder ist für sein Handeln verantwortlich und hat Handlungsmöglichkeiten. Eine wichtige Rolle spielt, welche Nahrungsmittel man einkauft. [...] Wenn man nachhaltig und biologisch erzeugte Nahrungsmittel lokal kauft, zum Beispiel direkt beim Biobauern, ist es klar, dass das besser für die Biodiversität ist als ein Billigprodukt aus Massenproduktion. Wenn man einen Garten besitzt, spielt die Gestaltung eine wichtige Rolle. Gärten sind in Summe ein großer Lebensraum in Österreich, häufig sind sie artenreicher als die ausgeräumte Kulturlandschaft. Für einen artenreichen Garten ist entscheidend: Lasse ich irgendwo ein Stück Blumenwiese stehen? Habe ich einen naturnahen Teich? Setze ich heimische Gehölze statt Thujenhecken? Weiters kann man sich bei Organisationen engagieren, die sich für einen Systemwandel einsetzen – durch Spenden oder aktive Beteiligung. Individuelle Beiträge sind entscheidend, denn sie erzeugen Druck. Natürlich spielt eine Rolle, welchen politischen Repräsentanten man seine Stimme gibt. Mehr als 80 Prozent der Österreicher sagen in Umfragen, dass ihnen Klima und intakte Natur wichtig sind – so eine hohe Zustimmung gibt es bei kaum einem anderen Thema.

Traxler, Tanja: Ökologe Essl: Österreichs Artenvielfalt ist massiv unter Druck. In: derstandard.at, 21.10.2020

INFOBOX

(die) Biodiversität: Artenvielfalt, biologische Vielfalt

(die) Pannonische Ebene: Tiefebene im östlichen Mitteleuropa; umfasst weite Teile Ungarns; ihr westlichster Abschnitt umfasst auch Teile von Österreich, etwa den Seewinkel im Burgenland oder das Wiener Becken

(das) Kippelement / (der) Kipppunkt: Zeitpunkt oder Schwelle, an dem sich eine (negative) Entwicklung stark beschleunigt und häufig nicht mehr umkehren lässt; der Begriff wird oft im Zusammenhang mit dem Klimawandel verwendet

08 **Bearbeite Schreibauftrag 2.** L

Schreibauftrag 2

Verfassen Sie eine Zusammenfassung.

Situation: Im Rahmen des Unterrichtsfachs „Geschichte, Sozialkunde und politische Bildung" arbeiten Sie an einem Projekt zum Thema Vergangenheitsbewältigung. Dabei sind Sie auf eine Reportage zum Thema „Trostfrauen" gestoßen. Für Ihr Portfolio sollen Sie diese Reportage zusammenfassen.

Lesen Sie die Reportage *„Zwangsprostituierte im Zweiten Weltkrieg. Bis zum letzten Atemzug"* von Katharina Graca Peters, die am 09.07.2019 auf SpiegelOnline erschienen ist.

Schreiben Sie nun die **Zusammenfassung** und bearbeiten Sie dabei folgende Arbeitsaufträge:

- Beschreiben Sie, was man unter den sogenannten „Trostfrauen" versteht.
- Geben Sie die Anliegen der Überlebenden sowie deren Schwierigkeiten, diese umzusetzen, wieder.
- Beschreiben Sie, warum die Frage einer angemessenen Entschuldigung bzw. Entschädigung bis heute ungelöst geblieben ist.

Schreiben Sie zwischen 270 und 330 Wörter.
Markieren Sie Absätze durch Leerzeilen.

Zwangsprostituierte im Zweiten Weltkrieg

Bis zum letzten Atemzug

Die Koreanerin Lee Ok Seon wurde als Mädchen in ein japanisches Armeebordell gezwungen. Auch mit 91 Jahren fordert sie noch immer Entschädigung. Sie ist eines der letzten lebenden Opfer.

In ihrer Heimat existierte Lee Ok Seon nicht mehr. Sie war 14 Jahre alt, als sie während des Zweiten Weltkriegs aus der südkoreanischen Stadt Ulsan nach China verschleppt wurde. Ihre Mutter suchte sie vergeblich. Sie ließ Lee Ok Seon noch vor Ende des Krieges für tot erklären.

Doch das Mädchen hat überlebt, auch die Jahre der Entbehrungen und Enttäuschungen, die darauf folgten und die sie als Bäuerin in China verbrachte. Sie schwieg und blieb Südkorea fern. „Ich hatte Angst, dass man aus meinem Gesicht ablesen kann, was mir widerfahren ist", sagt sie.

Vielleicht hätte Lee Ok Seon weiter geschwiegen. Doch Anfang der Neunzigerjahre begannen die ersten ihrer Leidensgenossinnen zu sprechen: Mädchen und Frauen, die während des Zweiten Weltkriegs in japanischen Armeebordellen festgehalten, vergewaltigt und geschlagen wurden. Die Schätzungen reichen von 30.000 bis 200.000 Opfern.

„Trostfrauen“ wurden die Zwangsprostituierten verharmlosend genannt. Sie stammten aus insgesamt 17 Ländern, die meisten aus Korea. Bis heute steht zwischen Seoul und Tokio die Frage: Hat Japan die volle Verantwortung für die Verbrechen übernommen, die seine Soldaten während der Besetzung Koreas von 1910 bis 1945 verübten? Für die Taten während des Zweiten Weltkriegs?

Nein, findet Lee Ok Seon. Sie fordert eine „aufrichtige Entschuldigung“ von Tokio und finanzielle Entschädigung für die früheren „Trostfrauen“. Sie ist eine von ganz wenigen Überlebenden, die noch öffentlich Gerechtigkeit einfordern können – und ihr Kampf wird immer aussichtsloser. Denn die Zeitzeugen sterben aus und das Klima zwischen Japan und Korea ist vergiftet. [...] Lee Ok Seon ist jetzt 91 Jahre alt. [...] Das Reisen wird schwerer, das Reden auch, doch sie macht weiter. „Es schmerzt mich jedes Mal“, sagt sie, „aber die Menschen müssen das hören.“

Sie sollen zuhören, wenn sie von jenem Julinachmittag 1942 erzählt, als sie auf einer Straße von zwei Männern gepackt, auf eine LKW-Pritsche geworfen und später in einem Zug in die chinesische Stadt Yanji gebracht wurde. Wenn sie über die drei Jahre spricht, in denen sie in einem Militärbordell in China immer wieder vergewaltigt und zu sexuellen Diensten gezwungen wurde. [...]

„Die Beziehungen zwischen Südkorea und Japan sind so schlecht wie seit fünf Jahrzehnten nicht mehr“, sagt Shin Kak-soo, ehemaliger südkoreanischer Botschafter in Japan. Shin war zwei Jahre in Tokio stationiert, und er hat erlebt, wie dort Premierminister Shinzo Abe 2012 ins Amt kam. Abe gilt in Südkorea als Reizfigur, der Japans Verantwortung kleinredet und echte Reue ablehnt. [...]

Auch der Konflikt um die „Trostfrauen“ verschärfte sich, als Präsident Moon im November 2018 eine Stiftung auflösen ließ. Sie war im Rahmen eines Abkommens geschaffen worden, auf das sich Tokio und Seoul 2015 geeinigt hatten und das eine Zahlung von damals umgerechnet etwa 7,3 Millionen Euro an Reparationen vorsah. Die Überlebenden wie Lee Ok Seon aber fühlten sich bei den Verhandlungen nicht einbezogen, daher war die Übereinkunft von Anfang an unpopulär in Südkorea. [...]

„Seoul und Tokio verbinden eigentlich gemeinsame Werte wie liberale Demokratie, Marktwirtschaft, Rechtstaat“, sagt er. Anstatt gemeinsame Strategien im Umgang mit dem mächtigen China oder dem schwierigen Nordkorea zu finden, vertiefe sich nun die Kluft zwischen Japan und Südkorea, mit negativen Folgen für Tourismus, kulturellen Austausch, wirtschaftliche Kooperation. „Die Situation ist ernst.“

Die USA galten lange als Garant für den Ausgleich zwischen beiden Ländern, doch für US-Präsident Donald Trump scheint dies keine Priorität zu haben, sodass der moderierende Einfluss Washingtons wegfällt.

Die vergiftete Atmosphäre verhindert eine Lösung für die Opfer. Stattdessen befeuerten Nationalisten den Konflikt zwischen beiden Ländern weiter, fürchtet Professor Lim Jie Hyun von der Sogang-Universität in Seoul. Er gibt auch zu bedenken: „Vergebung wird nicht von Tätern gewährt, sondern von Opfern. Solange die Opfer der Meinung sind, dass die bisherigen Erklärungen nicht ausreichen, sollten sich die Täter meiner Meinung nach entschuldigen.“ [...]

Lee Ok Seon sagt, sie wird so lange zu Mittwochsdemonstrationen gehen, wie es ihr Körper zulässt. […] Nach dem Krieg heiratete sie in China einen Koreaner. Wenn sie über ihn spricht, wird ihre Stimme leiser: „Ich habe ihn sehr geliebt." Doch seine Eltern zwangen das Paar zur Scheidung, weil Lee keine Kinder bekommen konnte. Viele frühere „Trostfrauen" sind durch Krankheiten oder Medikamente unfruchtbar geworden. […]

Bis zu ihrem eigenen Tod wird sie weiter für ihre Sache streiten. „Japans Premierminister soll wissen, dass ich noch da bin", sagt sie. Sie sagt aber auch: „Ich fühle, dass Zeit ist, in eine andere Welt zu gehen."

Graça Peters, Katharina: Bis zum letzten Atemzug. In: spiegel.de, 9.7.2019 (gekürzt)

picturedesk.com/Daniel Naupold/dpa

INFOBOX

Shinzo Abe: 1954-2022; von 2006 bis 2007 und von 2012 bis 2020 Premierminister Japans; war viele Jahre lang Vorsitzender der Liberaldemokratischen Partei

(die) Reparation: wirtschaftliche oder finanzielle Leistung zur Wiedergutmachung von Kriegsschäden

moderierend: mäßigend, mildernd

FEINSCHLIFF: EINEN TEXT ÜBERARBEITEN

09 **Die folgende Zusammenfassung zu Schreibauftrag 2 (**› vgl. S. 29–31**) stammt von einem Schüler einer 8. Klasse AHS. In der Spalte links vom Text findest du Anmerkungen zum Aufbau und zu den Operatoren. Nutze die rechte Spalte, um eigene Anmerkungen anzubringen. Markiere auch Fehler (Rechtschreibung, Beistrichsetzung, Grammatik, Ausdruck / Stil), die dir auffallen.** L

Basissatz; alle notwendigen Angaben vorhanden; Thema genannt

In der Reportage „Bis zum letzten Atemzug", erschienen am 9.7.2019 auf SpiegelOnline, schreibt Katharina G. Peters über die Zwangsprostitution in japanischen Armeebordellen, welche die Koreanerin Lee Ok Seon wiederfahren ist und bis heute nicht entschädigt wurde.

Operator 1 – Begriff „Trostfrauen" knapp, aber ausreichend genau definiert; Zahlen und langfristige Folgen fehlen

Diese sogenannten „Trostfrauen" – welche aus verschiedenen Ländern stammen, festgehalten in Armeebordellen während des zweiten Weltkriegs – wurden von japanischen Soldaten vergewaltigt und misshandelt.

ZUSAMMENFASSUNG

Operator 2 – Anliegen der Überlebenden; warum schwierig? viele Punkte genannt; es fehlen: Aspekt der Scham, das Nicht-sprechen-Können über das Unrecht;

Rolle von Premier Abe fehlt

Operator 3 – warum bis heute ungelöst? die wichtigsten Aspekte werden genannt

Seon fordert neben einer finanziellen Entschädigung eine ehrliche Entschuldigung. Allerdings erweist sich dies als schwierig, da Japan zum einen nicht die volle Verantwortung für die Tat übernimmt, sowie aus dem Grund, dass Zeitzeugen aussterben und Beziehungen zwischen Japan und Südkorea nicht gut sind. Zudem wurde eine Stiftung aufgelöst, welche für Reparationszahlungen in Höhe von 7,3 Millionen Euro zuständig war, aber auch in den Verhandlungen selbst fühlen sich „Trostfrauen“ nicht einbezogen. Die schlechte Atmosphäre zwischen den beiden Ländern erschwert nicht nur das Finden einer Lösung für die Opfer, sondern wirkt sich auch negativ auf den kulturellen Austausch und die wirtschaftliche Kooperation aus. Nationalisten verschärfen den Konflikt zudem noch weiter. Außerdem erwähnt die Autorin, dass die USA für lange Zeit für ein Gleichgewicht der beiden Länder gesorgt hat, allerdings sieht Präsident Trump in dieser Angelegenheit keine Wichtigkeit, weshalb die Situation von Japan und Korea nicht ausgeglichen wird. Letztlich sagt Professor Lim Jie Hyun von der Sogang-Universität, dass nur die Opfer der Zwangsprostitution im Zweiten Weltkrieg, den Tätern Vergebung gewähren können - solange dies nicht passiert, ist eine Entschuldigung erforderlich.

Alex S., 234 Wörter

10 **Der Schüler gibt die wichtigsten Inhalte im Präsens und im Indikativ wieder, verwendet den Indikativ aber auch an einer Stelle, an der der Konjunktiv gefordert ist. Markiere in einer eigenen Farbe jene Verbformen, die man in den Konjunktiv setzen müsste.** L

11 **Diskutiere mit einer Mitschülerin oder einem Mitschüler, wie ihr die Arbeit bewerten würdet. Berücksichtigt die Beurteilungskriterien** › Einleitung S. 14 ‹**, den Beurteilungsraster auf Seite 146 sowie die Anmerkungen links von der Zusammenfassung. Wo würdet ihr die Kreuzchen bei den einzelnen Dimensionen (Inhalt, Textstruktur, Stil / Ausdruck, normative Sprachrichtigkeit) setzen? Welche Gesamtnote würde sich ergeben?** L

EXKURS: EINEN NICHTLINEAREN TEXT ZUSAMMENFASSEN

Mit dem Begriff „nichtlinearer" oder „diskontinuierlicher Text" sind Texte gemeint, die Zahlenwerte oder bestimmte Kenngrößen zum Inhalt haben oder diese als Grafik bildlich darstellen. Dazu zählen einerseits Tabellen, andererseits grafische Darstellungen wie Diagramme oder Schaubilder. Bei den Diagrammen unterscheidet man Kreis-, Säulen- und Balkendiagramme als die häufigsten Formen.

Nichtlineare Texte zu lesen erfordert etwas Übung.

Beispiel 1 – Diagramm

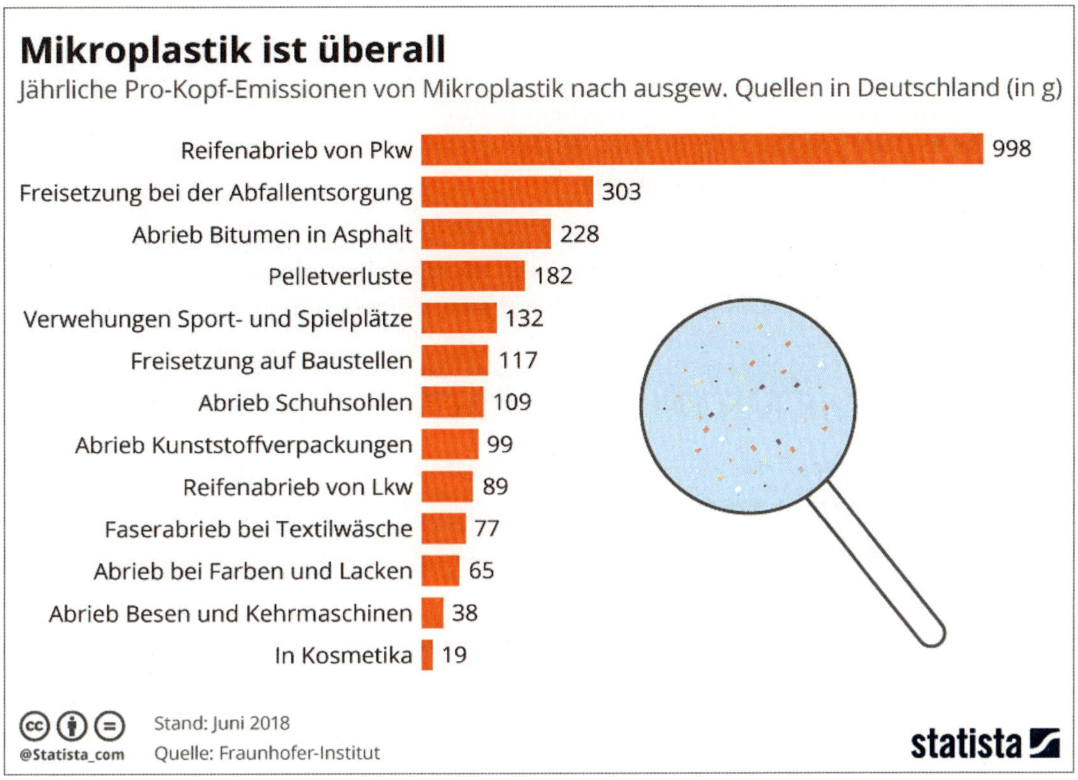

Leitfragen zur Erschließung eines nichtlinearen Textes:

- Wie lautet der Titel des Diagramms, was ist das Thema?
- Welche Angaben gibt es zum Erhebungszeitraum?
- Wann und wo ist das Diagramm veröffentlicht worden?
- Was erfährst du über den Urheber bzw. die Quelle des Diagramms?
- In welcher Art und Weise werden Werte dargestellt (als Tabelle, als Schaubild, als Diagramm)?
- Welcher Diagrammtyp (Kreisdiagramm, Säulendiagramm, Balkendiagramm, Liniendiagramm …) kommt zum Einsatz?
- Welche Kategorien sind horizontal/vertikal angeführt?
- Gibt es eine Legende, also eine Erklärung der verwendeten Zeichen und Symbole? Was steht in der Legende?
- Welches Zahlenmaterial kommt zum Einsatz (Absolutzahlen, Jahreszahlen, Ränge, Prozentzahlen …)?
- Was ist der höchste/erste Wert, was ist der niedrigste/letzte Wert?

- Wie stark ist die Streuung, wie verläuft die Kurve? Gibt es markante Werte/Ausreißer?
- Lassen sich Werte leicht ablesen?
- Gibt es Unklarheiten in der Darstellung oder offensichtliche Mängel?
- Liefert das Diagramm/das Schaubild ein schlüssiges Bild dessen, was dargestellt werden soll?
- Welche Absicht könnte das Diagramm/Schaubild verfolgen? Was soll damit gezeigt werden?
- Ist die Darstellung verzerrt/manipulativ? Welche Absichten könnten damit verfolgt werden?
- Erscheinen die Informationen insgesamt plausibel? Gibt es deutliche Widersprüche zu Alltagsvorstellungen und Erwartungen der Adressaten?

12 **Arbeite mit einer Mitschülerin oder einem Mitschüler zusammen. Beantwortet alle Leitfragen schriftlich auf einem eigenen Blatt.** L

SPRACHLICHE MITTEL: DIE RICHTIGEN WORTE FINDEN

Für die Zusammenfassung eines nichtlinearen Textes gelten grundsätzlich dieselben Regeln wie für die Zusammenfassung eines Fließtextes.

Die Einleitung

- enthält einen Satz mit Basisinformationen, der über Titel/Thema des Diagramms bzw. Schaubildes Auskunft gibt.
- nennt die Quellen, das Entstehungsdatum bzw. den Erhebungszeitraum.
- gibt Auskunft über Ort und Datum der Veröffentlichung.
- gibt Auskunft über die Art der Darstellung bzw. den Diagrammtyp.

Der Hauptteil

- fasst die wesentlichen Inhalte des Diagramms/Schaubildes in klaren, sachlichen Worten zusammen.
- nennt Besonderheiten.
- gibt den höchsten/niedrigsten Wert an.
- nennt besonders auffällige Werte/Ausreißer.
- ist – wie die Zusammenfassung eines linearen Textes – im Präsens verfasst.
- ist durchgängig im Indikativ verfasst, denn eine indirekte Redewiedergabe im Konjunktiv ist nicht nötig.

Beachte ansonsten die Arbeitsaufträge und Operatoren in der Angabe. Bei der sprachlichen Ausführung sind die folgenden Formulierungshilfen möglicherweise hilfreich.

Formulierungshilfen für die Einleitung:

- Das Diagramm … *„Titel“* ist am/wurde am … *Datum* in/im/auf … *„Name des Mediums“* erschienen/veröffentlicht
- Das Diagramm/Die Grafik zeigt … die Entwicklung/das Verhältnis/den Anteil …
- Der Grafik/Dem Diagramm ist zu entnehmen, dass …
- Die Daten wurden von … im Jahr … erhoben und zeigen in Form eines Kurvendiagramms/Tortendiagramms/Blockdiagramms …
- In Form eines Säulendiagramms/Balkendiagramms werden …
- Die Daten basieren auf …
- Eine Autorin/Ein Autor/Eine Quelle/Ein Erscheinungsort ist nicht angeführt/ist nicht angegeben/fehlt in der Darstellung …

Formulierungshilfen für den Hauptteil:

- In der linken Spalte/In den roten Balken/In den einzelnen Kreissegmenten wird/werden … angegeben …
- Laut Legende geben die Zahlen in/neben den Balken/Säulen/Kreissegmenten die … wieder
- Der/Die … nimmt in der Reihung den ersten/obersten Rang ein.
- Den höchsten Wert/Anteil erreicht …
- Auf den weiteren Rängen folgen … mit jeweils/mit Werten von …
- Auf der x-Achse/y-Achse werden …. angegeben/sind … angeführt/sind … aufgetragen.
- Die y-Achse gibt den Anteil in Prozent an/weist … aus/verzeichnet den …. in Prozent.
- Den deutlichsten/geringsten Anstieg/Anteil kann … für sich verbuchen/zeigen …
- Mit einem Wert von … belegt … den ersten Platz/Rang, gefolgt von … und …
- Den niedrigsten Wert/Anteil nehmen mit … bzw. … Prozent die … bzw. … ein.
- Im Gegensatz zu x zeigt y, dass …
- Die Kurve zeigt von … bis … einen stetigen/deutlichen/nur schwachen Anstieg und erreicht ihr Maximum im Jahr …
- Auffällig/Bedeutsam erscheint …
- Es fällt auf/Es erscheint bemerkenswert/auffällig, dass …
- Das Diagramm/Schaubild lässt den Schluss zu, dass …
- Insgesamt kann dem Diagramm entnommen werden, dass …
- Eine mögliche Absicht der Darstellung könnte es sein zu zeigen, dass …

13 **Bearbeite Schreibauftrag 3.** L

Schreibauftrag 3

Verfassen Sie eine Zusammenfassung.

Situtation: Für ein Referat im Fach Biologie sind Sie auf der Suche nach Informationen zum Thema Müll. Bei Ihrer Recherche stoßen Sie auf ein Diagramm aus einer Tageszeitung mit dem Titel *„Mikroplastik ist überall"* (› S. 33).

Sie beschließen, das Diagramm in Ihr Referat einzubinden und verfassen zu diesem Zweck eine Zusammenfassung.

Betrachten Sie das Diagramm *„Mikroplastik ist überall"*, das auf der Basis von Daten des Frauenhofer-Instituts erstellt und am 29.08.2019 veröffentlicht wurde.

Schreiben Sie nun die **Zusammenfassung** und bearbeiten Sie dabei folgende Arbeitsaufträge:

- Nennen Sie die Art der Darstellung sowie den Diagrammtyp.
- Fassen Sie zentrale Inhalte des Diagramms zusammen.
- Beschreiben Sie, welche Absicht das Diagramm verfolgt. Stellen Sie dabei eine Verbindung zum Titel des Diagramms her.

Schreiben Sie zwischen 270 und 330 Wörter.
Markieren Sie Absätze durch Leerzeilen.

Beispiel 2 – Schaubild

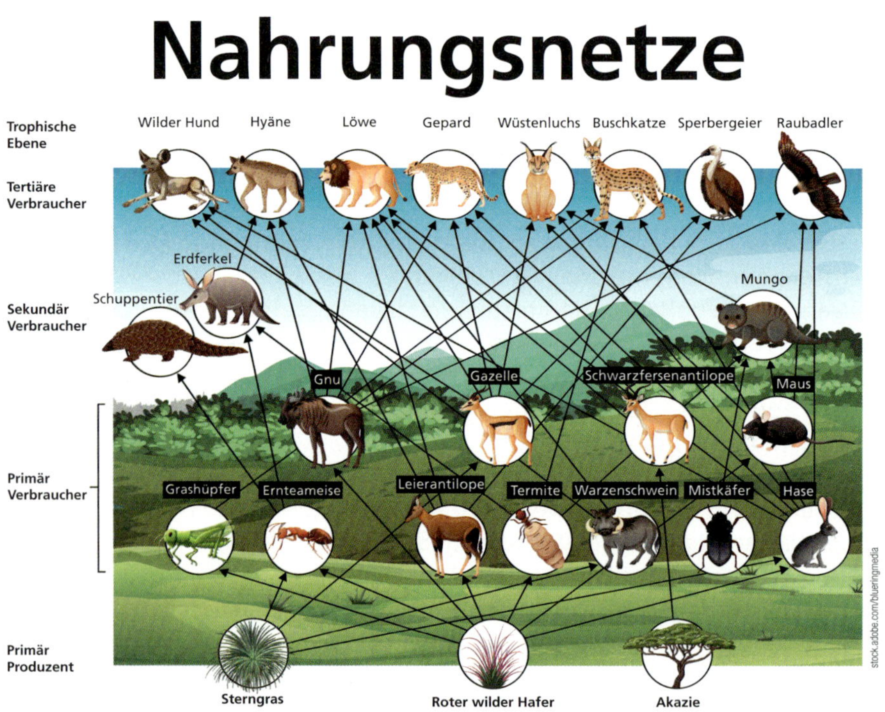

14 **Arbeite mit einer Mitschülerin oder einem Mitschüler zusammen. Betrachtet und analysiert das Schaubild, das von einer Bildagentur stammt. Es zeigt Nahrungsnetze und -beziehungen zwischen verschiedenen Tier- und Pflanzenarten, die in Afrika südlich der Sahara vorkommen. Welche Zusammenhänge lassen sich aus der Kombination aus Text und Bildern ableiten? Verfasst einen kurzen Fließtext (150 bis 200 Wörter), der die wesentlichen Punkte zusammenfasst.** L

ZUM SCHLUSS: ANTWORTEN ZU DEN FAQS

15 **Lies noch einmal die Fragen, die Jugendliche zur Textsorte Zusammenfassung** › **S. 16** **gestellt haben. Welche davon sind für dich noch offen? Antworten findest du hier:**

L

Ist es schlimm, wenn meine Zusammenfassung zu lang geworden ist?

Eine Überschreitung der geforderten Wortanzahl ist problematisch, weil du in diesem Fall die Textbeilage zu ausführlich wiedergegeben oder dich wiederholt hast.

Was mache ich, wenn ich beim Schreiben merke, dass meine Zusammenfassung garantiert zu lang wird?

Wenn du merkst, dass du mit der Wortanzahl nicht auskommst, dann mach trotzdem weiter und beende die Arbeit. Nimm dir anschließend deinen Text noch einmal vor und überlege, welche Sätze und welche Satzteile du streichen kannst, ohne dass wesentliche Information verloren geht.

Ist die Zusammenfassung eine schwierige Textsorte?

Die Zusammenfassung wird oft unterschätzt, weil viele SchülerInnen der Meinung sind, man müsse ja „nur" Texte gekürzt wiedergeben.

Eine gute Zusammenfassung erfordert aber, dass man den Ausgangstext wirklich gut verstanden hat und sprachlich eigenständig Inhalte wiedergeben kann.

Was sind häufige Fehler, auf die ich besonders achten muss?

Sehr häufig wird der erste Abschnitt des Ausgangstextes sehr ausführlich zusammengefasst. Wenn dann schon einiges auf dem Bogen oder im Schularbeitsheft steht, meinen viele, den Rest könne man auch stärker raffen. Dabei werden oft zentrale Aussagen aus der zweiten Hälfte des Ausgangstextes ignoriert, was schwerwiegende Auswirkungen hat.

Ein häufiger Fehler ist auch, dass Arbeitsaufträge bzw. Operatoren nicht beachtet werden.

Kann ich komplizierte Abschnitte / Sätze / Wörter aus dem Ausgangstext übernehmen?

Deine Zusammenfassung muss eigenständig formuliert sein. Es ist also nicht erlaubt, ganze Passagen zu übernehmen und aus dem Text abzuschreiben. Anders sieht das natürlich bei einzelnen fachsprachlichen Ausdrücken aus. Wenn z. B. im Ausgangstext von „Minderheitenrechten" die Rede ist, dann kannst/sollst du diesen Begriff natürlich auch verwenden und musst ihn nicht umschreiben.

Was kann ich machen, um wörtliche Übernahmen zu vermeiden?

Hilfreich kann es sein, den Ausgangstext zuerst genau – wie in diesem Kapitel beschrieben – zu bearbeiten und den Text dann zur Seite zu legen. Versuche, den Text aus dem Gedächtnis zusammenzufassen, zuerst mündlich und dann schriftlich. Nachsehen darfst du nur dann, wenn du dir Namen oder Fachbegriffe nicht gemerkt hast. Vergleiche zuletzt deine Zusammenfassung mit dem Ausgangstext und stelle sicher, dass du keine Kernaussagen vergessen hast.

BEZUGNEHMEND AUF …

Der Leserbrief

Wie schlimm ist es, wenn ich die geforderte Wortanzahl nicht einhalte?

Ist es schlimm, wenn ich Eröffnungs- oder Grußformel vergesse?

Woher weiß ich, an wen ich den Leserbrief adressieren muss?

Muss ich den Inhalt des Ausgangstextes zusammenfassen?

Muss sich mein Leserbrief immer auf den Ausgangstext beziehen?

Darf ich im Leserbrief eigene Erfahrungen und Erlebnisse schildern?

Wie darf ich meine Meinung im Leserbrief darstellen?

Welches sind die häufigsten Fehler, die beim Schreiben eines Leserbriefes passieren?

01 Ergänze selbst weitere Fragen, die du zu dieser Textsorte hast. Schreibe in die leeren Sprechblasen. L

veritas.at/code

GRUNDLEGENDES: DIE TEXTSORTE KENNENLERNEN

Erklärvideo Leserbrief uez 263

Was ist das Besondere an einem Leserbrief?	Ein **Leserbrief** … › ist eine **schriftliche Darstellung der eigenen Meinung** in einem Printmedium (Zeitschrift, Zeitung). › ist die **Reaktion auf** eine zuvor erschienene **Publikation** (Zeitungsbericht, Kolumne, Kommentar …). › **hat** eine **Adressatin oder** einen **Adressaten** (Redaktion, Autorin oder Autor des Ausgangstextes). › kann **sachlich formuliert**, aber **auch emotional** sein.
An wen schreibe ich einen Leserbrief?	Die Adressatin/Der Adressat des Leserbriefes steht stets im Zusammenhang mit der Textbeilage der Aufgabenstellung. Meist sind das **die Verfasserin / der Verfasser** des Textes bzw. die **Redaktion** des publizierenden Mediums. Auch richtet sich der Leserbrief an die **Leserschaft** der Zeitung/Zeitschrift, die ebenso als Adressat genannt werden kann. Genauere Informationen dazu werden im Rahmen der **Aufgabenstellung** im Bereich der **Situation** gegeben.
Was ist das Ziel beim Schreiben eines Leserbriefes?	Ziel ist die schriftliche und persönliche **Reaktion auf die vorgegebene Textbeilage**. Dabei soll die eigene Meinung klar dargestellt werden, die zustimmend, widersprechend, ergänzend … sein kann. Wichtig dabei ist, dass auch immer auf die vorgegebenen Arbeitsaufträge eingegangen werden muss.
Welche Texte sind Ausgangstexte für einen Leserbrief?	Ausgangstexte eines Leserbriefes sind meist **journalistische Texte** aus bekannten deutschsprachigen Zeitungen und Zeitschriften. Dazu zählen unter anderem **Berichte, Artikel, Interviews, Kommentare** und **Kolumnen**.
Wie lang soll ein Leserbrief sein?	Der Leserbrief zählt zu den kurzen Textsorten. Er umfasst **zwischen 270 und 330 Wörter**.
Wie ist ein Leserbrief aufgebaut?	› **Eröffnungsformel** › **Einleitung:** Nennen des Schreibanlasses und Vorstellen der Textbeilage (Basisinformation) und des Themas › **Hauptteil:** Kurze Zusammenfassung des Ausgangstextes (falls in Schreibauftrag gefordert), Darstellung der eigenen Meinung mit Hilfe geeigneter Gedanken, Argumente, Beispiele … › **Schluss:** Zusammenfassung sowie Ausblick und Appell im Sinne der Verfasserin oder des Verfassers › **Schlussformel**

LESERBRIEF

DARUM GEHT'S: DIE ANGABE VERSTEHEN

Wie bei allen Schreibaufträgen werden auch beim Leserbrief die Aufgabenstellungen mittels geeigneter Operatoren angeführt.
Diese werden in drei Anforderungsbereiche gegliedert – *Reproduktion, Reorganisation und Transfer* sowie *Reflexion und Problemlösung* (vgl. › Einleitung S. 12f. ‹). In den drei bis vier Arbeitsaufträgen sind alle genannten Anforderungsbereiche vertreten.

- *Reproduktion:* Benennen Sie …, Beschreiben Sie …, Fassen Sie kurz zusammen …, Geben Sie wieder …
- *Reorganisation und Transfer:* Erläutern Sie …, Erschließen Sie …, Vergleichen Sie …
- *Reflexion und Problemlösung:* Nehmen Sie Stellung …, Bewerten/Beurteilen Sie …, Kommentieren Sie …

02 **Untersuche den Schreibauftrag in diesem Kapitel** (› S. 46). **Unterstreiche darin die Operatoren.** L

› Ordne sie dem jeweiligen Anforderungsbereich (vgl. › Einleitung S. 12f. ‹) zu. Vergleiche sie auch mit den oben genannten Operatoren. Was kannst du feststellen? Notiere deine Erkenntnisse.

03 **Lies die folgende Aufgabenstellung genau. Unterstreiche anschließend alle Operatoren in dieser Aufgabenstellung und ordne sie den jeweiligen Anforderungsbereichen zu.** L

› Halte in eigenen Worten fest, was du in den einzelnen Schreibaufträgen zu tun hast.

› Markiere in der Situationsbeschreibung, wer die Adressatin oder der Adressat des Leserbriefes sein soll.

Verfassen Sie einen Leserbrief.

Situation: Im Rahmen Ihres Deutschunterrichtes lesen Sie den Artikel *„So (un)gerecht sind Schulnoten"* und beschließen, Ihre Meinung dazu in einem Leserbrief an die Redaktion kundzutun.

Lesen Sie den Artikel *„So (un)gerecht sind Schulnoten"*, online erschienen auf der Homepage der *„Süddeutschen Zeitung"* am 24.01.2022.

Verfassen Sie nun einen **Leserbrief** und bearbeiten Sie folgende Arbeitsaufträge:

- Geben Sie kurz wieder, wie laut Textbeilage Benotung zustande kommt bzw. zustande kommen sollte.
- Vergleichen Sie die beschriebene Art der Notenfindung mit jener aus Ihrem persönlichen Schulalltag.
- Nehmen Sie Stellung zur Frage, ob Noten in bisheriger Form notwendig sind bzw. durch Alternativen ersetzt werden könnten/sollten.

Schreiben Sie zwischen 270 und 330 Wörter. Markieren Sie Absätze mittels Leerzeilen.

HIN ZUM EIGENEN TEXT: VERSTEHEN UND PLANEN

Bevor du deinen Leserbrief schreiben kannst, lies den **Ausgangstext** aufmerksam und **erschließe ihn**. Er bildet die Grundlage des Leserbriefes, denn auf dessen Inhalt sollst du reagieren. Daher ist es besonders wichtig, Unklarheiten bzw. unbekannte Begriffe zu klären. Dies kann mit Hilfe eines geeigneten Wörterbuches (Österreichisches Wörterbuch, Duden) geschehen, das du auch bei der schriftlichen Reifeprüfung einsetzen darfst.

04 **Lies den Text *„Wie das Kobalt für unsere Handys und E-Autos abgebaut wird"*, online erschienen auf der Homepage der Zeitschrift *„Die Welt"*, genau.** L

› Unterstreiche dir unbekannte Begriffe und kläre diese mit Hilfe eines Wörterbuches.

› Markiere Schlüsselbegriffe, die zentrale Aussagen des Textes wiedergeben.

stock.adobe.com/Karen

Wie das Kobalt für unsere Handys und E-Autos abgebaut wird

Das Metall steckt in Akkus, Batterien und vielen anderen Industrieprodukten. Ein Großteil der weltweiten Vorkommen lagert in der Demokratischen Republik Kongo. Der Abbau folgt dort oft einer Wildwest-Mentalität – ohne Einhaltung sozialer und ökologischer Standards.

Mehr als die Hälfte des weltweit verarbeiteten Kobalts stammt aus der Region Katanga im Süden des Landes, schreibt ein US-Forschungsteam in einer aktuellen Studie im Fachblatt „One Earth". In den dortigen Abbaugebieten herrsche den Analysen zufolge Wildwest-Mentalität, weitgehend ohne Einhaltung sozialer, arbeitsrechtlicher, gesundheitlicher oder ökologischer Standards. [...]

Das Team der Northwestern University in Evanston im US-Bundesstaat Illinois untersuchte in der Provinz Lualaba, die zu Katanga gehört, die Auswirkungen des Kleinbergbaus auf die Arbeits- und Lebensbedingungen der Menschen. Zwar habe die Zentralregierung spezielle Bergbauzonen ausgewiesen, doch auch am Rand dieser Gebiete werde nach dem Mineral gesucht – in zahllosen, spontan gegrabenen und ungesicherten Schächten und Stollen. [...]

Der größte Teil des Kleinbergbaus in Lualaba werde von Kooperativen kontrolliert, die von lokalen Händlern oder fremden Investoren gegründet würden, schreibt das Team. Solche Kooperativen würden wiederum Verträge mit den örtlichen Bergbauunternehmen abschließen.

Für eine Mitgliedschaft in einer Kooperative müssen Arbeiter [...] eine jährliche Gebühr von umgerechnet [...] etwa 13 Euro zahlen. Daneben gebe es viele nicht-organisierte Bergleute, die Kobalt auf eigene Faust abbauten und verkauften. Fest voneinander abgrenzen lassen sich beide Gruppen kaum, weil Arbeiter auf der Suche nach den ertragreichsten Vorkommen oft umherziehen.

Die Kooperativen müssten zwar eigentlich Sicherheits- und Umweltstandards einhalten, heißt es. Dies werde aber in der Regel nicht kontrolliert. Das Erz, aus dem Kobalt gewonnen wird, wird demnach meist mit einfachen Handwerkzeugen wie Hämmern und Meißeln oder Hacken abgebaut.

In den Schächten, die teilweise mehr als 30 Meter tief sind, dürfen dem Bericht zufolge nur Männer schürfen. Frauen arbeiten demnach oberirdisch, auch Kinderarbeit ist in den Bergbauorten gängig. Die abgebauten Erze werden zu Bächen, Seen oder Wasserstellen getragen, um sie zu waschen und zu sortieren.

Das kobalthaltige Erz werde dann typischerweise in 25-Kilogramm-Säcken verkauft. Für einen Sack mit einem Kobaltgehalt von 1,5 Prozent zahle die Kooperative den Arbeitern etwa 25 US-Dollar (22 Euro). Die Kooperativen wiederum verkauften die Säcke weiter zu einem Preis, den die Arbeiter […] nicht kennen. […]

Feste Löhne gebe es […] im Kleinbergbau ebenso wenig wie ein festgelegtes Arbeitspensum. „Die Bezahlung hängt ausschließlich von der geförderten Menge Kobalt ab und vom Marktpreis für einen 25-Kilo-Sack“, erläutert das Team. „Bergleute arbeiten so lange sie können (manchmal Tag und Nacht), um ihr Einkommen zu erhöhen.“

Als großes soziales Problem hebt das Team die Enteignung von Land und die Umsiedlung von Menschen hervor, die auf Kobaltvorkommen wohnen. Traditionell gehöre das Land zwar den jeweiligen Kommunen. Deren Anführer werden dem Bericht zufolge aber von den Bergbauunternehmen, die auf dem Gebiet Kobalt fördern wollen, massiv umworben – etwa mit Geld, Geschenken oder Angeboten wie etwa dem Bau einer Schule.

Wer seinen Besitzanspruch auf ein Grundstück nicht belegen könne, was traditionell meist der Fall sei, werde gewöhnlich entschädigungslos vertrieben. „Das ist unser Land, wir haben immer hier gelebt“, zitiert das Team einen Bewohner des Ortes Kasulo. „Manche Leute fälschen Besitzdokumente, nicht nur um an die Entschädigungszahlung zu kommen, sondern auch, um uns unser Land wegzunehmen.“ […]

Ein weiteres Problem betrifft der Studie zufolge die Umwelt und die Gesundheit der Anwohner, da der Bergbau vielerorts Böden, Luft und Wasser verseucht. So sei etwa das Wasser an jenen Stellen, wo das geförderte Erz gewaschen wird, nicht mehr zum Trinken geeignet und auch für viele andere Zwecke unbrauchbar. „Ackerland kann ebenfalls unfruchtbar werden durch Gifte und Schadstoffe, die beim Kobaltabbau anfallen.“ Demnach verschlechterten sich vielerorts die landwirtschaftlichen Erträge so sehr, dass manche Menschen sich […] im angrenzenden Sambia mit Lebensmitteln versorgen müssen.

Eine weitere Gesundheitsgefahr sei die Arbeit in den oft einsturzgefährdeten Schächten selbst, schreiben die Forscher. Arbeitsschutz gebe es gewöhnlich nicht. Bei ihren Besuchen in solchen Kleinbergwerken hätten sie keine Schutzmaßnahmen bemerkt: Die Schächte selbst seien meist nicht gesichert, auch Anlagen wie Haltegeländer oder Warnschilder gebe es nicht.

Der Bericht solle nicht nur Entscheidungsträger aus Politik und Wirtschaft informieren, betont das Team, sondern auch Verbraucher: Bei der Entwicklung, Finanzierung und Nutzung etwa von grünen Energien sollten nicht nur technologisch, sondern auch sozial und ethisch verantwortungsbewusste Entscheidungen getroffen werden.

Lanzke, Alice/Willems, Walter: Wie das Kobalt für unsere Handys und E-Autos abgebaut wird. In: welt.de, 5.1.2023

SPRACHLICHE MITTEL: DIE RICHTIGEN WORTE FINDEN

Im Folgenden wird der Aufbau des Leserbriefes genau betrachtet. An dieser Stelle muss aber erwähnt werden, dass beim Planen und Verfassen des Leserbriefes die **vorgegebenen Aufgabenstellungen** mitsamt ihren Operatoren nicht außer Acht gelassen werden dürfen. Das Erfüllen der geforderten Schreibaufträge ist für eine positive bzw. erfolgreiche Beurteilung notwendig.

In der **sprachlichen Gestaltung** gibt es für den Lesebrief keine eindeutigen Vorgaben. Du kannst deinen Text sachlich und nüchtern, aber auch kritisch, ironisch oder gar provozierend verfassen. Dabei ist es allerdings wichtig, darauf zu achten, dass der Text zwar an die Verfasserin oder den Verfasser des Ausgangstextes bzw. die Redaktion des publizierenden Mediums gerichtet ist, aber von einem weitaus größeren Publikum gelesen wird.

Der Einsatz von **Stilmitteln** ist im Leserbrief nicht zwingend notwendig. Allerdings können Stilfiguren wie Wiederholung, rhetorische Frage oder ein Appell an geeigneter Stelle in den Text eingebaut werden.

Da der Leserbrief grundsätzlich zur Veröffentlichung bestimmt ist, muss eine angemessene und höfliche Sprache gewählt werden. Auf keinen Fall dürfen Begriffe und Phrasen aus Umgangs- oder Jugendsprache verwendet werden.

Die Eröffnungsformel

Da der Leserbrief stets eine Adressatin oder einen Adressaten hat, beginnt der Text mit einer geeigneten Eröffnungsformel. Genaue Informationen darüber, an wen der Leserbrief gerichtet sein soll, sind in der Situationsbeschreibung der Aufgabenstellung zu finden.

Empfehlenswerte Eröffnungsformeln, abhängig von der Adressatin oder dem Adressaten, sind:

- Verfasserin/Verfasser des Ausgangstextes:
  Sehr geehrte Frau …,
  Sehr geehrter Herr …,
- Redaktion des Ausgangstextes:
  Sehr geehrte Redaktion,
  Sehr geehrte Damen und Herren der Redaktion,
- (vermutliche) Leserschaft des Leserbriefes:
  Sehr geehrte Leserinnen und Leser,
  Liebe Leserinnen und Leser,

An die Eröffnungsformel schließt direkt die Einleitung an. Dabei ist auf den korrekten Einsatz der **Satzzeichen** zu achten:

- Wird die Eröffnungsformel mit einem **Ausrufezeichen** beendet, so beginnt der erste Satz der Einleitung mit einem Großbuchstaben:
  Sehr geehrte Frau XY!
  Mit großem Jnteresse …
- Wird die Eröffnungsformel mit einem **Beistrich** beendet, so beginnt der erste Satz der Einleitung mit einem Kleinbuchstaben:
  Sehr geehrte Frau XY,
  mit großem Jnteresse …

Beide Schreibweisen sind korrekt. Welche gewählt wird, hängt lediglich von den Vorlieben der Verfasserin oder des Verfassers des Leserbriefes ab.

Die Einleitung

In der Einleitung des Leserbriefes wird auf den Ausgangstext Bezug genommen. Dabei werden die **Basisinformationen** (Textsorte, Titel, Autorin/Autor, Erscheinungsort und Erscheinungsdatum) genannt. Zusätzlich werden die **Inhalte aus dem Ausgangstext**, die für den Leserbrief relevant sind, kurz wiedergegeben. Wichtig ist, dass du beim Schreiben nicht in eine Zusammenfassung gerätst. Auch sollte im Zuge der Einleitung der Leserin/dem Leser schon klar sein, welche **Position** du beim Schreiben des Leserbriefes einnimmst. Das bedeutet, es ist wichtig, darzulegen, ob du der Verfasserin/dem Verfasser des Ausgangstextes zustimmst oder nicht.

Formulierungshilfen für die Einleitung eines Leserbriefes:

- Mit großem Interesse habe ich den Artikel (Basisinformationen) gelesen und frage mich/stelle mir die Frage …
- Im Artikel/Beitrag/Interview/Kommentar (Basisinformationen), der sich mit … beschäftigt, wird gezeigt/dargestellt/diskutiert, dass/wie/ob …
- Der Artikel/Beitrag/Kommentar (Basisinformationen) zum Thema … berührt mich sehr/verärgert mich/…. Auch ich habe ähnliche Erfahrungen gemacht.
- Der Artikel/Beitrag/Kommentar (Basisinformationen) betrifft mich/mein Umfeld/meinen Alltag, weshalb ich mich gerne dazu äußern möchte …
- Sehr aufmerksam habe ich Ihren am XY veröffentlichten Artikel (Titel) gelesen und erfahren, dass …
- Sie schreiben in Ihrem Artikel (Basisinformationen), dass …/Dazu möchte ich nun Folgendes sagen/festhalten …
- In Ihrem Artikel/Beitrag/Kommentar (Basisinformationen) schreiben Sie, dass …

Hier ist darauf zu achten, dass die letzten drei Formulierungshilfen nicht verwendet werden dürfen, sollte der Leserbrief an Leserinnen/Leser der Zeitung gerichtet sein.

05 **Erstelle zum Text *„Wie das Kobalt für unsere Handys und E-Autos abgebaut wird“*, online erschienen auf der Homepage der Zeitschrift *„Die Welt“*, eine passende Einleitung inklusive Eröffnungsformel.** L

Der Hauptteil

Häufig verlangt die Aufgabenstellung zu Beginn des Hauptteils eine kurze **Zusammenfassung** des Ausgangstextes. Sollte das nicht der Fall sein, kann diese auch entfallen. Anschließend werden der **persönliche Bezug zum Thema** hergestellt und die **eigene Position**, sofern dies nicht in der Einleitung bereits geschehen ist, eindeutig dargelegt.

Formulierungshilfen zu persönlichem Bezug bzw. Position:

- Auch ich habe diese Erfahrung gemacht/konnte bereits gute/schlechte Erfahrungen in diesem Bereich/zu diesem Thema sammeln …
- Ich als Jugendliche/Ich als Jugendlicher weiß aus eigener Erfahrung, dass…
- In meiner Position als Schülerin/Schüler/Teil der Schülervertretung/Konsumentin/Konsument/…bin ich direkt von diesem Thema betroffen.
- Als Schülerin/Schüler/… kenne ich die dargestellte Situation sehr gut und kann diese daher auch bewerten/beurteilen.
- Im Rahmen der Arbeit … konnte ich Erfahrung mit diesem Thema sammeln.
- Die Aussagen des Artikels/Interviews/Berichtes/… entsprechen/entsprechen nicht meinen persönlichen Ansichten/Erfahrungen/meiner Meinung.
- Es hat mich erstaunt/überrascht/verärgert, dass …

Danach wird der Standpunkt des Schreibers/der Schreiberin mit Hilfe geeigneter Argumente gezeigt. Dabei ist zu beachten, dass **Argumente** stets dem so genannten 3B-Schema folgen:

- **Behauptung (These):** *Öffentliche Verkehrsmittel sollten kostenlos sein, ...*
- **Begründung:** *..., denn dann würden sie häufiger genutzt werden.*
- **Beispiel:** *In vielen Städten, wie auch in Graz, sind öffentliche Verkehrsmittel an den Adventsamstagen gratis zu benutzen. Das führt dazu, dass viele Menschen ihr Auto stehen lassen, um den Christkindlmarkt zu besuchen.*

Da der Leserbrief eine kurze Textsorte ist, reicht es aus, zwei bis drei möglichst überzeugende Argumente in den Hauptteil einzubauen. Gegenargumente sind nicht notwendig.

Formulierungshilfen im Hauptteil:

› Ich möchte darauf hinweisen, dass …
› Man darf auch nicht … vergessen … / Entscheidend ist … / Nicht zu übersehen ist …
› Betrachtet man die Sachlage näher, dann …
› Weiters / Zusätzlich ist zu bedenken …
› Ich erlaube mir zu Ihrem Beitrag folgende Bemerkungen: …
› Ich möchte darauf hinweisen / bemerken / ergänzen / kritisieren, dass …
› Bezugnehmend auf die im Text angeführten Beispiele möchte ich ergänzen …

Der Schluss

Am Ende des Leserbriefes werden die **wichtigsten Aussagen des Hauptteils** in ein bis zwei Sätzen noch einmal kurz zusammengefasst:

- Zusammenfassend / Abschließend lässt sich sagen …
- Abschließend möchte ich betonen, …

Danach wird im Sinne der Argumentation der Verfasserin / des Verfassers an die Adressatin / den Adressaten appelliert. An dieser Stelle können auch **Kompromiss- und Lösungsvorschläge** präsentiert werden:

Formulierungshilfen für Kompromiss- und Lösungsvorschläge:

› Daher meine Bitte / mein Vorschlag: …
› Ein Vorschlag von meiner Seite wäre, dass …
› Für die Zukunft wünsche ich mir, dass …
› Ich könnte mir vorstellen, dass …
› Mein Wunsch / Lösungsvorschlag / Kompromissvorschlag wäre es …
› Eine mögliche Lösung / Einen möglichen Kompromiss sehe ich …

Es ist auch möglich, sich abschließend für das Veröffentlichen des Artikels zu **bedanken**:

› Ich bedanke mich für Ihren interessanten / aufrüttelnden / … Zeitungsbericht.
› Mein Dank gilt der Redaktion für die Veröffentlichung dieses interessanten / kritischen / … Zeitungsberichtes.
› Ich hoffe, dass es noch weitere Berichte / Artikel / Kommentare / … zu diesem Thema geben wird.
› Schon jetzt freue ich mich auf weitere interessante Artikel zu diesem Thema.

Die Schlussformel

Jeder Lesebrief endet mit einer Schlussformel, die einen **Gruß** sowie den vollständigen **Namen** der Verfasserin/des Verfassers enthält. Sollte der Wohnort für die Argumentation relevant sein, kann auch dieser angeführt werden. Auch die E-Mail-Adresse kann an dieser Stelle angeführt werden. Wird der Leserbrief stellvertretend für eine Gruppe (z. B. Schülergruppe, Klasse, Verein, ...) geschrieben, wird dies nach dem Namen der Verfasserin/des Verfassers ergänzt:

- Mit freundlichen Grüßen
  Max Mustermann
- Mit freundlichen Grüßen
  Max Mustermann
  Graz
- Mit freundlichen Grüßen
  Max Musterman
  maxmustermann@abc.at
- Mit besten Grüßen
  Max Mustermann
  (im Namen der gesamten 4B)

Mustertext
uez 264

Checkliste
uez 265

JETZT ICH: EINEN TEXT VERFASSEN

06 **Bearbeite Schreibauftrag 1.** L

Schreibauftrag 1

Verfassen Sie einen Leserbrief.

Situation: Im Rahmen einer Recherche für ein Referat, in dem Sie unterschiedliche Blickwinkel zum Thema Abtreibung präsentieren sollen, stoßen Sie auch auf den Artikel *„Sichere Abtreibungen sind auch in Österreich keine Selbstverständlichkeit"*. Da Sie der Inhalt dieses Textes sehr bewegt, beschließen Sie, im Rahmen eines Leserbriefes mit den Autorinnen in Kontakt zu treten.

Lesen Sie den Gastkommentar *„Sichere Abtreibungen sind auch in Österreich keine Selbstverständlichkeit"*, geschrieben von Meri Disoski und Eva-Maria Holzleitner, der am 12.07.2022 auf der Online-Seite der Tageszeitung *„Die Presse"* veröffentlich wurde.

Verfassen Sie einen **Leserbrief** und bearbeiten Sie dabei folgende Arbeitsaufträge:

- Fassen Sie die derzeitig gültigen Gesetze der im Artikel genannten Länder/Regionen kurz zusammen.
- Kommentieren Sie die Position der beiden Verfasserinnen.
- Nehmen Sie kritisch zur Legalisierung bzw. zum Verbot von Abtreibungen Stellung.

Schreiben Sie zwischen 270 und 330 Wörter. Markieren Sie Absätze mittels Leerzeilen.

veritas.at/code

Sichere Abtreibungen sind auch in Österreich keine Selbstverständlichkeit

An einem Tag wurden in Deutschland die Frauen- und Selbstbestimmungsrechte gestärkt und in den USA eben jene zurück ins Mittelalter katapultiert. Selbst in Österreich sind niederschwellige, sichere Schwangerschaftsabbrüche eine Frage des Wohnortes und des Einkommens.

Erst vor wenigen Wochen feierten wir vormittags die Abschaffung von Paragraf 219a durch die deutsche Ampelkoalition. Endlich fällt das „Werbeverbot“. Das bedeutet: Ärzt:innen dürfen künftig über Schwangerschaftsabbrüche informieren. Nachmittags des gleichen Tages waren wir entsetzt und wütend: Das (rechts)konservativ dominierte US-Höchstgericht kippt das landesweite Grundrecht auf Abtreibung. Ein Schritt vorwärts, der andere Jahrzehnte zurück. Die Parallelität dieser beiden konträren Entscheidungen ist surreal und folgenreich. […]

Durch die Entscheidung wird ein Albtraum wahr: Schwangerschaftsabbrüche werden in vielen US-Bundesstaaten verboten, ungewollt Schwangere damit in die gefährliche Illegalität getrieben. Denn Abtreibungsverbote verhindern keine Abtreibungen, jedoch ihre sichere Durchführung. Studien bestätigen, dass jährlich weltweit zehntausende Frauen durch illegale Schwangerschaftsabbrüche sterben. […]

Informationsverbot aus NS-Zeit ist Geschichte

Fast gleichzeitig wurde im deutschen Bundestag […] die Streichung des Paragrafen 219a aus dem Strafgesetzbuch mit großer Mehrheit angenommen. Damit ist das von den Nationalsozialisten eingeführte Informationsverbot über Schwangerschaftsabbrüche endlich Geschichte. Ärzt:innen dürfen künftig Informationen über Abtreibungen veröffentlichen, ohne Strafverfolgung befürchten zu müssen. […]

In einem anderen EU-Staat, nämlich Polen, führt die rechtskonservative Regierung seit Jahren einen Kreuzzug gegen Frauenrechte. […] Die polnische Regierung […] führte 2020 ein de facto Abtreibungsverbot ein, das Frauen dazu zwingt, eine Schwangerschaft unter allen Umständen auszutragen. Jetzt soll auch ein „Schwangerenregister“ kommen. Erhalten Ärzt:innen Kenntnis von einer Schwangerschaft, muss diese künftig in einem medizinischen Melderegister eingetragen werden. Behörden wie Staatsanwaltschaften oder Geheimdienste sollen darauf zugreifen können. Um zu kontrollieren, ob Frauen nach neun Monaten ein Kind zur Welt gebracht haben – oder nicht. Das ist staatlicher Geburtszwang.

Verbot reduziert die Zahl der Abbrüche nicht

In Österreich gibt es regelmäßig Angriffe auf das Selbstbestimmungsrecht von Frauen. Im Regierungsprogramm von ÖVP-FPÖ war von der „Beratung vor geplanten Schwangerschaftsabbrüchen“ und der „Verhinderung von Spätabtreibungen“ zu lesen. […]

Abbrüche sind privat zu finanzieren, kosten bis zu 800 Euro und stellen für ungewollt Schwangere eine finanzielle Belastung dar.

Würde, wie anderswo üblich, die Sozialversicherung die Kosten tragen, wären nicht nur Statistiken verfügbar, sondern wir würden sicheren Abbrüchen für alle Frauen in Österreich einen großen Schritt näherkommen.

Zur Motivforschung ist zu sagen: Das Motiv, eine ungewollte Schwangerschaft abbrechen zu wollen, ist eine ungewollte Schwangerschaft abbrechen zu wollen. Mehr hat weder Staat, Kirche oder sonst wen zu interessieren. Auch führen Statistiken und Motivforschung weder dazu, dass mehr Schwangerschaften ausgetragen werden, noch reduzieren sie die Zahl der Abbrüche.

Es macht uns wütend

Als Frauenvorsitzende unserer Parteien wollen wir 2022 in Österreich mit Selbstverständlichkeit sagen können: „Natürlich sind niederschwellige, sichere Schwangerschaftsabbrüche österreichweit garantiert!“ Aber das können wir nicht. Und das macht uns wütend. Als Frauenpolitikerinnen und als Frauen.

Es macht uns wütend, dass sichere Abtreibungen in Österreich eine Frage des Wohnortes und auch des Einkommens sind. Dass die Versorgungslage in Tirol und in Vorarlberg desaströs, im Burgenland inexistent ist. Es macht uns wütend, dass religiöse Fundamentalist:innen Frauen fundierte Entscheidungen über ihren eigenen Körper beharrlich abzusprechen versuchen und sie entmündigen wollen. Und wir sind davon überzeugt, dass die reproduktive und sexuelle Gesundheit von Frauen nichts im Strafrecht verloren hat. […]

Disoski, Meri/Holzleitner, Eva-Maria: Sichere Abtreibungen sind auch in Österreich keine Selbstverständlichkeit. In: diepresse.com, 12.7.2022

FEINSCHLIFF: EINEN TEXT ÜBERARBEITEN

07 **Der folgende Text wurde von einer Schülerin der 8. Klasse verfasst. Es geht darin um das Thema Sterbehilfe.** L

- Lies den Text aufmerksam durch und korrigiere im Text alle Verstöße gegen Grammatik und Rechtschreibung. Markiere ebenso Textstellen farbig, deren Formulierung bzw. Ausdruck verbessert werden sollte.
- Überprüfe, ob der Text in Einleitung, Hauptteil und Schluss gegliedert werden kann. Kontrolliere auch, ob Eröffnungs- und Schlussformel vollständig sind.
- Markiere die Argumente im Hauptteil und überprüfe, ob das 3B-Schema eingehalten wurde.
- Prüfe auch, ob die genannten Arbeitsaufträge/Operatoren im Text erfüllt wurden.
- Halte in deiner Mappe in Stichworten fest, was dir am Leserbrief gefällt bzw. was die Schülerin überarbeiten sollte. Bewerte anschließend ihren Leserbrief mithilfe des Beurteilungsrasters auf › S. 14 und › S. 146. Diskutiere deine Ergebnisse mit einer Partnerin oder einem Partner.

Thema: Sterbehilfe

Lesen Sie den Artikel *„Soll Tötung auf Verlangen legalisiert werden"*, verfasst von Alois Schöpf und veröffentlicht am 20.09.2020 in der Printausgabe der „Kleinen Zeitung".

Verfassen Sie einen **Leserbrief** und bearbeiten Sie dabei folgende Arbeitsaufträge:

- Benennen Sie das Thema sowie die zentralen Aussagen des Ausgangstestes.
- Nehmen Sie ausgehend von Ihrem Standpunkt Stellung zum Thema.
- Appellieren Sie abschließend in Ihrem Sinn.

Schreiben Sie zwischen 270 und 330 Wörter.
Markieren Sie Absätze mittels Leerzeilen.

Ausgangstext Leserbrief
uez 290

Sehr geehrter Herr Alois Schöpf!

Der folgende Leserbrief bezieht sich auf den Zeitungsartikel „Soll Sterbehilfe legalisiert werden", welcher am 20. September 2020 in der Kleinen Zeitung veröffentlicht wurde. Mit großem Jnteresse habe ich Jhre, vor kurzem ihr abgedruckte, Stellungnahme zum Thema Menschenrechte und Tod gelesen.

Jn Jhrem Artikel kommt sehr gut heraus, dass es vor allem für Schwerkranke leidende Menschen eine Möglichkeit der Sterbehilfe geben sollte, um ihnen großes Leiden zu ersparen. Jch erlaube mir zu Jhrem Beitrag folgende Bemerkung: die göttliche, moralische oder gesellschaftliche Ordnung, wie ich find, wird mit einer Legalisierung der Sterbehilfe definitiv nicht in Gefahr gebracht, da die Legalisierung keinen Menschen in seinem freien Handeln einschränkt, sondern jedem einzelnen das Recht gibt über sein persönliches Leben und Handeln selbst zu bestimmen. Jm Gegensatz dazu finde ich sogar ein Sterbehilfe-Verbot moralisch sowie auch gesellschaftlich unvernünftiger und meines Erachtens konservativ. Jch könnte mir vorstellen, dass es eventuell schaffbar wäre Aufklärung für Jung und Alt anzubieten. Hiermit sorgt man dafür vor kurzfristiges, unüberlegtes Handeln im Alter oder im Krankenzustand zu meiden.

Dass der Sterbende das größte Opfer ist, ist legitim. Doch viele vergessen auf die Angehörigen des Kranken, denn auch diese leiden. Jn unserer ohnehin schon hektischen Gesellschaft haben wir so traurig wie es klingt kaum zeit sich um jemanden Tag und Nacht zu kümmern. Jch finde, wenn es der Leidende will und es tatsächlich keine Aussicht auf Besserung gibt, sollte er auch einen Anspruch auf die Sterbehilfe haben.

Für die Zukunft wünsche ich mir, gleich wie Sie, ein friedvolles Altern ohne Zwang und Ängste aber mit Möglichkeiten und genügend Aufklärung.

Jch bedanke mich für Jhren interessanten Zeitungsartikel und freue mich auf weitere. [...]

Ausgangstext: Schöpf, Alois: Soll Tötung auf Verlangen legalisiert werden? In: kleinezeitung.at, 20.9.2020

ZUM SCHLUSS: ANTWORTEN ZU DEN FAQS

08 **Lies noch einmal die Fragen, die Jugendliche zur Textsorte Leserbrief › S. 38 gestellt haben. Welche davon sind für dich noch offen? Antworten findest du hier:**

Wie schlimm ist es, wenn ich die geforderte Wortanzahl nicht einhalte?

Da der Leserbrief eine kurze Textsorte ist, sollte die vorgegebene Wortanzahl eingehalten werden. Sowohl das Unter- als auch das Überschreiten wirken sich negativ auf die Beurteilung des Textes aus.

Ist es schlimm, wenn ich Eröffnungs- oder Grußformel vergesse?

Ja, denn beide sind wesentliche Merkmale der Textsorte und werden auch beurteilt.

Woher weiß ich, an wen ich den Leserbrief adressieren muss?

Auskunft darüber gibt die Situationsbeschreibung der Aufgabenstellung. Sollte darin keine Adressatin/kein Adressat genannt werden, wird der Leserbrief an die Verfasserin/den Verfasser des Ausgangstextes gerichtet. Wird in der Situationsbeschreibung eine Adressatin/ein Adressat genannt, so muss an diese/diesen geschrieben werden.

Muss ich den Inhalt des Ausgangstextes zusammenfassen?

Das hängt von der Aufgabenstellung (Operatoren) ab. Wird eine Zusammenfassung verlangt, muss diese ein Teil des Leserbriefes sein. Verlangt kein Operator eine Zusammenfassung, muss nur der Inhalt wiedergegeben werden, auf den sich die Argumentation bezieht.

Muss sich mein Leserbrief immer auf den Ausgangstext beziehen?

Ja, denn der Leserbrief ist eine direkte Reaktion bzw. Antwort auf die Inhalte des Ausgangstextes.

Darf ich im Leserbrief eigene Erfahrungen und Erlebnisse schildern?

Der Leserbrief ist eine persönliche Reaktion auf Inhalte des Ausgangstextes, der eigene Gedanken und Erfahrungen nennt. Meist wird dies im Schreibauftrag mittels Operator gefordert.

Wie darf ich meine Meinung im Leserbrief darstellen?

Durch passende Formulierungen bzw. einschlägige Argumente soll der Leserin/dem Leser deines Briefes von Beginn an klar sein, welcher Meinung du bist.

Welches sind die häufigsten Fehler, die beim Schreiben eines Leserbriefes passieren?

- Die Merkmale der Textsorte sind nicht eingehalten/erfüllt (Eröffnungs-/Grußformel, Appell).
- Deine eigene Meinung ist nicht eindeutig zu erkennen.
- Die Zusammenfassung des Ausgangstextes ist zu lang.

NEIN, DOCH … OH!

Die Erörterung

Wie schlimm ist es, wenn ich die geforderte Wortanzahl nicht einhalte?

Muss meine Erörterung Argumente und Gegenargumente beinhalten?

Muss ich Argumente aus dem Ausgangstext übernehmen?

Muss ich den Jnhalt des Ausgangstextes immer zusammenfassen?

Jn welchem Teil der Erörterung darf ich meine eigene Meinung ausdrücken?

Was ist der Unterschied zwischen einer Erörterung und einer Meinungsrede?

Was ist der Unterschied zwischen einer Erörterung und einem Kommentar?

Was mache ich, wenn mir zum Thema nichts einfällt?

Welches sind die häufigsten Fehler, die beim Schreiben einer Erörterung passieren?

01 **Ergänze selbst weitere Fragen, die du zu dieser Textsorte hast. Schreibe in die leeren Sprechblasen.** L

Erklärvideo Erörterung uez 266

GRUNDLEGENDES: DIE TEXTSORTE KENNENLERNEN

Was ist das Besondere an einer Erörterung?	Eine **Erörterung** … › ist eine **schriftliche Auseinandersetzung mit** einem **aktuellen und umstrittenen Thema**. › ermöglicht die **Darstellung unterschiedlicher Anschauungen** mittels geeigneter Argumente. › ist die **Möglichkeit**, den **eigenen Standpunkt** zu einem strittigen Thema **objektiv darzustellen**. › ist **sachlich und klar** formuliert. › hat keinen Titel oder Überschrift.
Für wen schreibe ich die Erörterung?	Die Adressatin oder der Adressat einer Erörterung ist nicht immer gegeben. In manchen Aufgabenstellungen liefert die **Situation** Hinweise dazu. Häufig gibt es allerdings **keine Situationsbeschreibung**, sodass die Erörterung durch das Beleuchten des Themas von unterschiedlichen Seiten für ein möglichst breites Publikum verfasst wird.
Welche Arten von Erörterungen gibt es?	Es wird zwischen **dialektischer** und **linearer** Erörterung unterschieden. In der dialektischen Erörterung werden Pro- und Kontraargumente gegenübergestellt. Die lineare Erörterung enthält lediglich Proargumente, die im Hauptteil vom schwächsten zum stärksten gereiht werden. Obwohl beide Formen wirksam sind, wird die dialektische Erörterung wesentlich häufiger in Aufgabenstellungen verlangt.
Welche Texte dienen als Ausgangstexte für die Erörterung?	Ausgangstexte einer Erörterung sind **journalistische Texte** aus bekannten deutschsprachigen Zeitungen und Zeitschriften. Dazu zählen unter anderem **Berichte, Artikel, Interviews, Kommentare** und **Kolumnen**. Im Ausgangstext wird das Thema dargestellt sowie eine Expertenmeinung vorgestellt. Ausgehend davon soll in der Erörterung sowohl sachlich über das Thema informiert bzw. dieses mithilfe geeigneter Argumente diskutiert werden.
Wie lang soll die Erörterung werden?	Die Erörterung zählt in den meisten Aufgabenstellungen zu den langen Textsorten und verlangt **zwischen 540 und 660 Wörter**. Es gibt aber **auch Aufgabenstellungen**, die nur eine Wortanzahl **zwischen 405 und 495** fordern.
Wie ist eine Erörterung aufgebaut?	› **Einleitung:** Vorstellen des Themas (inklusive Basisinformationen) und Darstellen der zentralen Fakten des Ausgangstextes (laut Anforderungen der Aufgabenstellung), Überleitung zum Hauptteil › **Hauptteil:** Nennen der Basisinformationen (sofern nicht in der Einleitung genannt), Wiedergabe der Argumentation des Ausgangstextes (sofern in der Aufgabenstellung gefordert), Darstellung unterschiedlicher Aspekte des Themas mit Hilfe geeigneter Argumente (Pro bzw., Pro und Kontra je nach Art der Erörterung) › **Schluss:** Zusammenfassung, Darstellung der Meinung der Verfasserin oder des Verfassers, eventuell Ausblick bzw. Lösungsvorschläge

DARUM GEHT'S: DIE ANGABE VERSTEHEN

Die Schreibaufträge, die du zu erfüllen hast, um eine passende Erörterung zu verfassen, werden mittels **Operatoren** angegeben. Diese werden in drei Anforderungsbereiche gegliedert – *Reproduktion, Reorganisation und Transfer* sowie *Reflexion und Problemlösung* (› Einleitung S. 12f. ‹). In den drei bis vier Arbeitsaufträgen sind alle genannten Anforderungsbereiche vertreten. Zusätzlich kann der abschließende Schreibauftrag einen konkreten *Handlungsauftrag* enthalten, der auch zu erfüllen ist. Im Folgenden findest du Beispiele von Operatoren der Erörterung:

- *Reproduktion:* Benennen Sie …, Beschreiben Sie …, Fassen Sie kurz zusammen …, Geben Sie wieder …
- *Reorganisation und Transfer:* Erläutern Sie …, Erschließen Sie …, Vergleichen Sie …
- *Reflexion und Problemlösung:* Diskutieren Sie …, Bewerten/Beurteilen Sie …, Kommentieren Sie …
- *Handlungsauftrag:* Entwerfen Sie Lösungsvorschläge …, Appellieren Sie …, Schlagen Sie Lösungen/Maßnahmen vor …

02 **Untersuche die beiden Schreibaufträge in diesem Kapitel** (› vgl. S. 62, S. 64). **Unterstreiche jeweils die Operatoren.** L

› Ordne sie auch dem jeweiligen Anforderungsbereich (vgl. › Einleitung S. 12f. ‹) zu. Vergleiche sie außerdem mit den oben genannten Operatoren. Was kannst du feststellen? Notiere deine Erkenntnisse.

03 **Lies die folgende Aufgabenstellung gut durch. Unterstreiche anschließend alle Operatoren und ordne sie den jeweiligen Anforderungsbereichen zu.** L

› Halte dann in eigenen Worten fest, was du in den einzelnen Schreibaufträgen zu tun hast.

Verfassen Sie eine Erörterung.

Lesen Sie den Kommentar *„Jede Zahlung bargeldlos – werden wir jetzt das Bargeld los?"* von Lukas Ofenböck, erschienen in der Online-Ausgabe der Tageszeitung *„Die Presse"* am 07.06. 2022.

Verfassen Sie nun eine **Erörterung** und bearbeiten Sie folgende Arbeitsaufträge:

- Fassen Sie den Inhalt des Kommentars kurz zusammen.
- Erläutern Sie Vor- bzw. Nachteile im Umgang mit Bargeld.
- Diskutieren Sie die Möglichkeit, Bargeld abzuschaffen, indem Sie Vorteile und Risiken beleuchten.
- Appellieren Sie abschließend in Ihrem Sinne für oder gegen den Erhalt des Bargeldes.

Schreiben Sie zwischen 405 und 495 Wörter.
Markieren Sie Absätze mittels Leerzeilen.

HIN ZUM EIGENEN TEXT: VERSTEHEN UND PLANEN

Bevor eine Erörterung geschrieben werden kann, muss der **Ausgangstext** aufmerksam gelesen und **erschlossen werden**. Wichtig ist in diesem Zusammenhang auch, Unklarheiten bzw. unbekannte Begriffe zu klären. Dies kann mit Hilfe eines geeigneten Wörterbuches (Österreichisches Wörterbuch, Duden) geschehen, das auch im Rahmen der schriftlichen Reifeprüfung eingesetzt werden darf.

04 Lies den Text „*Impfen als soziale Handlung*", online erschienen auf der Homepage des Redaktionsnetzwerkes Deutschland. L

› Unterstreiche dir unbekannte Begriffe und kläre diese mit Hilfe eines Wörterbuches.

› Markiere anschließend Schlüsselbegriffe, die die zentralen Aussagen des Textes wiedergeben. Versuche, zwei bis drei Begriffe pro Absatz zu finden. Vergleiche deine Arbeit mit einer Partnerin oder einem Partner.

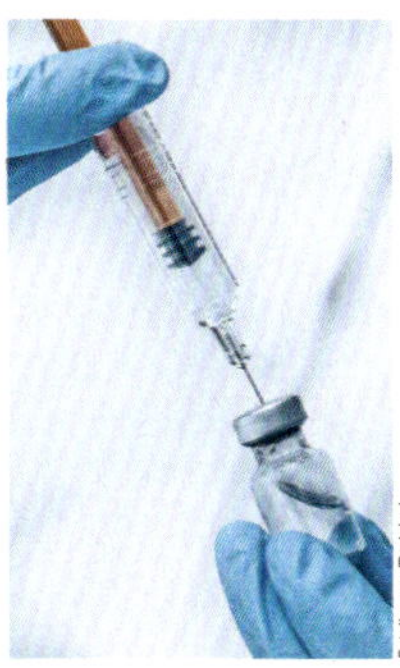

Fotolia.com/Redpixel

Impfen ist eine soziale Handlung

von Thorsten Fuchs, RND online, 8.3.2020

Seit März gilt in Deutschland die Masern-Impfpflicht. Dennoch lehnen 2 Prozent aller Eltern die Impfung ihrer Kinder ab. Das hat Folgen für die Gesundheit der gesamten Gesellschaft.

Sie sind wenige. Aber sie sind laut. Und sie finden Gehör – in Medien, bei Verlagen und nicht zuletzt bei anderen Eltern, die auf ihre Thesen entweder mit Zorn oder Verunsicherung reagieren. Mütter und Väter, die Impfungen eher oder auch völlig ablehnen, machen einer Erhebung der Bundeszentrale für gesundheitliche Aufklärung zufolge gerade mal 2 Prozent aller Eltern aus. Dennoch hatten sie einen großen Anteil daran, dass die deutsche Politik reagiert hat – und zum 1. März eine teilweise Masern-Impfpflicht erlassen hat. Schul- und Kindergartenkinder sowie Erzieher, Lehrer und medizinisches Personal müssen nun einen ausreichenden Impfschutz nachweisen. Erstmals gibt es im wiedervereinigten Deutschland nun den Zwang, seine Kinder impfen zu lassen.

Aber wird das nun auch die Skeptiker überzeugen und die Bereitschaft erhöhen, sich und seine Kinder auch gegen andere Krankheiten impfen zu lassen?

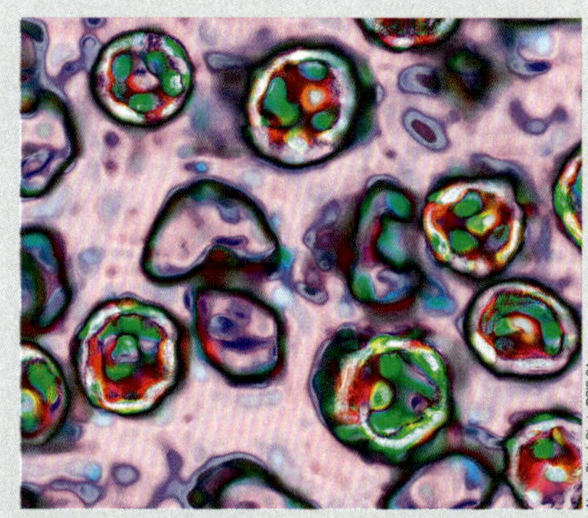

Alamy Stock Photo/BSIP SA

Mehrheit folgt den Empfehlungen der Stiko

Impfen ist eines der wohl emotionalsten Themen – nur dass die Hitzigkeit der Diskussionen nicht daher rührt, dass so viele Eltern am Nutzen der Impfungen zweifeln. Im Gegenteil: Die weit überwiegende Mehrheit folgt den Empfehlungen der Ständigen Impfkommission (Stiko), jener Expertengruppe, die jährlich bekannt gibt, welche Impfungen aus wissenschaftlicher Sicht ratsam sind.

Nur trifft jeder, der sich oder sein Kind nicht impfen lässt, diese Entscheidung nicht nur für sich, sondern für andere gleich mit – weil er die Ausrottung der Krankheit und die Bildung einer sogenannten Herdenimmunität erschwert.

Impfungen sind nicht nur „effektiv und retten Leben", wie die Psychologin Cornelia Betsch von der Universität Erfurt sagt. „Sie sind auch eine soziale Handlung." Genau dieser Aspekt ist deutschen Eltern aber weit weniger bewusst als etwa asiatischen, haben Betschs Forschungen ergeben. Sie hat die Gründe für fehlende Impfbereitschaft analysiert – und stieß darauf, dass die Debatte in Deutschland von Irrtümern und Fehlwahrnehmungen geprägt ist.

Zweite Masernimpfung fehlt oft

Zweifellos gibt es hierzulande beim Impfen tatsächlich ein Problem. Bereits 2011 wurde im Nationalen Impfplan ein Ziel von 95 Prozent für Masern, Mumps, Röteln, Keuchhusten und Hepatitis B festgeschrieben. Doch diese Marke hat Deutschland bis heute nicht erreicht. So sind die Quoten zwar insgesamt gestiegen, 97,4 Prozent der Kinder und Jugendlichen haben heute die erste Masernimpfung erhalten. Über die für den vollständigen Schutz nötige zweite Impfung verfügen aber nur 93,6 Prozent – zu wenig, um die Krankheit zu eliminieren.

Bei der Ursachenforschung stehen oft die Impfgegner im Zentrum der Debatte, konstatiert Betsch, doch seien diese nur zum Teil für die niedrigen Impfquoten verantwortlich.

Praktische Barrieren sind mit ein Grund fürs Nichtimpfen

Laut Studien der Bundeszentrale für gesundheitliche Aufklärung ist es eine Vielzahl von Gründen, an denen das Impfen letztlich scheitert – angefangen beim fehlenden Vertrauen in die Impfungen über das Unwissen, wie gefährlich eine Krankheit überhaupt ist, bis zum Irrglauben, es reiche, wenn sich alle anderen impfen lassen.

Der überraschendste Befund aber ist wohl dieser: „Praktische Barrieren sind für alle Zielgruppen ein relevanter Grund für das (Nicht-) Impfen", erklärte Betsch im Gesundheitsausschuss des Bundestags, „bisweilen sogar der einzige." Weit seltener also als zum Beispiel der Mythos von der Pharmaindustrie, die der Stiko aus Profitgier ihre Empfehlungen diktiere, sind es sehr alltagsnahe Gründe, welche Menschen vom Impfen abhalten: der weite Weg zur Praxis, die Unlust, im Wartezimmer auszuharren, oder ganz schlicht, dass man gar nichts von einer fehlenden Impfung weiß.

Betsch plädiert deshalb für Erinnerungssysteme, mit denen Ärzte ihre Patienten (und sich selbst) rechtzeitig an fällige Impfungen erinnern, oder auch für das fächerübergreifende Impfen, bei dem ein Arzt alle Impfungen vornehmen kann, wie es im Gesetz jetzt auch enthalten ist. „Impfen muss einfacher werden", folgert Betsch, „und kommunikative Bemühungen müssen verstärkt und verbessert werden." Erst wenn Impfen so bequem ist wie nicht zu impfen, so klingt es, komme man dem Ziel wieder ein Stück näher.

Fuchs, Thorsten: Impfen ist eine soziale Handlung. In: ndz.de, 9.3.2020

SPRACHLICHE MITTEL: DIE RICHTIGEN WORTE FINDEN

Im Folgenden wird der Aufbau einer Erörterung beschrieben. An dieser Stelle muss aber erwähnt werden, dass beim Planen und Verfassen der Erörterung die **vorgegebenen Aufgabenstellungen** mitsamt ihren Operatoren nicht außer Acht gelassen werden dürfen. Häufig fällt dabei die erste Aufgabenstellung in den Bereich der Einleitung, die letzte zählt zum Schluss. Alle übrigen Aufgabenstellungen fallen meist in den Bereich des Hauptteils, da sie sich mit Argumentieren und Diskutieren beschäftigen.

Bevor du mit dem Schreiben beginnst, lohnt es sich, Gedanken im Rahmen einer Stichwortliste/Mindmap festzuhalten und zu sortieren. Das Erstellen eines derartigen **Schreibplanes** nimmt zwar ein wenig Zeit in Anspruch, erleichtert allerdings im Anschluss das Verfassen des Textes ungemein. Wichtig ist vor allem, die passende Reihenfolge der Argumente zu finden. Mehr Informationen dazu findest du weiter unten im Text.

05 Lies den Text „Impfen als soziale Handlung" noch einmal. L

› Notiere anschließend in einem Brainstorming alles, was dir zum Thema „Impfen" einfällt. Halte Informationen aus dem Text sowie eigenes Wissen in Stichworten fest.

› Vergleiche das Ergebnis deines Brainstormings anschließend mit dem der anderen in der Klasse. Ergänze weitere Informationen, sollte dies nötig sein.

› Ordne abschließend deine Stichwörter zu sinnvollen Gruppen. Erstelle in deiner Mitschrift eine Tabelle wie abgebildet und trage deine Stichwörter passend ein:

Allgemeine Informationen zum Impfen:	Das spricht für eine Impfung:	Das spricht gegen eine Impfung:	Meine Meinung zum Impfen:

Im Falle der Erörterung ist es auch möglich, nicht nur einen Fließtext (Zeitungsbericht, Kommentar, Interview, …) als Ausgangstext vorzufinden. Es kann auch vorkommen, dass ergänzend dazu eine **Grafik** oder Statistik als Textbeilage angefügt ist.
Sollte dies der Fall sein, wird der Inhalt der Grafik ebenso in die Erörterung miteinbezogen.

Formulierungshilfen zur Beschreibung einer Grafik:

› Die Grafik/das Diagramm zeigt/stellt dar/beschreibt …
› Die Grafik/das Schaubild/die Tabelle gibt Auskunft/Informationen über …
› Aus der Grafik/Tabelle geht hervor, dass …
› Dem Schaubild/der Grafik ist zu entnehmen, dass …
› Das Diagramm/die Grafik/die Tabelle zeigt deutlich, dass …
› Die Hälfte/ein Drittel/ein Viertel der Befragten gibt an/sagt aus, dass …
› Der Anteil von … liegt bei/ist höher/niedriger als …
› Die Anzahl der … hat sich in den letzten Jahren/Monaten erhöht/verringert, weil …

06 **Betrachte die Grafik „*Fast-Food-Konsum bei 12- bis 17-Jährigen*" genau, deren Daten im „Journal of Health Monitoring" 2020 5(1) veröffentlicht wurden. Beschreibe den Inhalt der Grafik in fünf Sätzen. Stelle dabei Unterschiede und Gemeinsamkeiten dar.** L

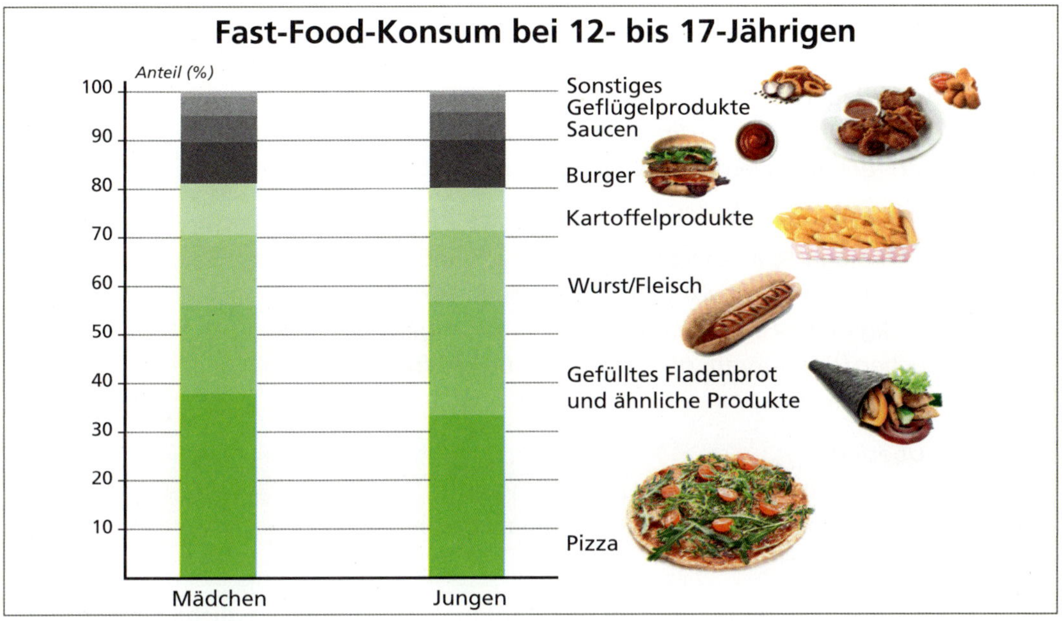

Daten nach: EsKiMo II (2015–2017)

Die Einleitung

Die Hauptaufgaben der Einleitung einer Erörterung sind, die Leserin/den Leser mit dem Thema bekannt zu machen und deren/dessen Aufmerksamkeit und Interesse zu wecken. Dies kann auf verschiedene Weise geschehen:

- ***Bezug zum Ausgangstext*** mit Titel, Autorin/Autor, Erscheinungsort, Erscheinungsdatum und Thema (Basisinformationen): In seinem Kommentar „Jede Zahlung bargeldlos – werden wir jetzt das Bargeld los?", erschienen am 07.06.2022 in der Online-Ausgabe der „*Die Presse*", beschäftigt sich Lukas Ofenböck mit den Vor- und Nachteilen des Bargeldes.
- ***Provokation/bewusste Falschaussage:*** Wenn du nur mit Kreditkarte bezahlst, weiß der Staat sofort alles über dich und kann dich kontrollieren und manipulieren. Bargeld hingegen ist anonym.
- ***Zitat/Sprichwort:*** „Wer den Groschen nicht ehrt, ist den Schilling nicht wert." Dieses Sprichwort war eines der liebsten meiner Großmutter. Jeden Tag warf sie einzelne Münzen, Schilling und Groschen, in ein großes Glas mit der Hoffnung, sich eines Tages das Schmuckstück kaufen zu können, das ihr so gut gefiel.
- ***Beispiel/Erfahrungsbericht/Erlebnis:*** Das Gefühl, das Taschengeld zum ersten Mal wirklich in den Händen zu halten, ist unvergleichlich. Die Münzen glänzen und du überlegst dir, was du alles damit kaufen kannst, egal ob es deinen Eltern gefällt oder nicht. Dieses Erlebnis wird dir in Erinnerung bleiben. Ohne Bargeld wäre dies nicht möglich.
- ***Zukunftsbild/mögliches Szenario:*** Alle Lebensmittel wurden ordnungsgemäß gescannt und der piepsende Computer an der Kassa verlangt nach Bezahlung. Der Kunde krempelt den Ärmel hoch und hält seinen Arm über den Scanner, der den Chip oberhalb des Handgelenkes sofort erkennt und abliest. Bargeld gibt es schon seit Jahrzehnten nicht mehr, alles läuft automatisch ab.

Nach der Vorstellung des Themas in einer der oben gezeigten Formen wird zum Hauptteil übergeleitet. Dies kann wiederum auf verschiedene Art und Weise geschehen:

- *Neutrale Überleitung:*
  Nachdem das Thema vorgestellt wurde, wird in einem neutral formulierten Satz auf den nun folgenden Hauptteil verwiesen. Das Pronomen „Ich" wird dabei vermieden: *Daraus ergibt sich die Fragestellung, dass … / Im Folgenden soll diskutiert / erörtert werden, ob …*
- *Persönliche Überleitung:*
  Es ist auch möglich, an dieser Stelle einen Ich-Satz zu formulieren und das weitere Vorgehen im Text anzukündigen: *Im Folgenden möchte ich aufzeigen / untersuchen / diskutieren, ob … / Deshalb beschäftigt mich die Frage, ob …*
- *Keine Überleitung:*
  Ebenso korrekt ist es, auf eine Überleitung zu verzichten und sofort mit dem Hauptteil zu beginnen.

07 Erstelle zum Text „Impfen als soziale Handlung" drei unterschiedliche Einleitungen inklusive Überleitung zum Hauptteil. L

Der Hauptteil

Zu Beginn des Hauptteiles wird der Ausgangstext deiner Erörterung kurz zusammengefasst. Sehr oft ist diese **Zusammenfassung** eine der ersten Aufgabenstellungen im Schreibauftrag. Solltest du in deiner Einleitung die **Basisinformationen** des Ausgangstextes noch nicht genannt haben, so muss das an dieser Stelle nachgeholt werden.

Im Hauptteil deiner Erörterung wird das Thema deines Textes von unterschiedlichen Seiten mit Hilfe geeigneter **Argumente** beleuchtet. Dies macht diesen Teil der Erörterung zum inhaltlich wesentlichsten. Dabei ist es wichtig, sowohl **Argumente deiner Meinung** (Pro-Argumente) als auch **Gegenargumente** (Kontra-Argumente) darzulegen. Denn nur dann handelt es sich bei deinem Text auch wirklich um die geforderte **dialektische Erörterung**. Sollten deine Argumente nur deine Meinung vertreten, so spricht man von einer *linearen Erörterung*. Diese Form findest du in den Aufgabenstellungen äußerst selten. Alle bereits erwähnten Operatoren verlangen eine dialektische Erörterung (diskutiere, vergleiche, erörtere, …).

08 Untersuche alle Aufgabenstellungen, die du in diesem Kapitel findest, und überprüfe, ob sie eine dialektische oder eine lineare Erörterung verlangen. L

› Achte dabei besonders auf die Operatoren der Aufgabenstellung. Sie geben dir Auskunft darüber, ob du nur Argumente deiner Meinung oder auch jene der Gegenseite finden sollst.

Argumente werden stets nach dem **3B-Schema** aufgebaut:

- ***B**ehauptung (These):* Laute Musik in Diskotheken sollte verboten werden, …
- ***B**egründung:* …, weil sie unheilbare Schäden hervorrufen kann.
- ***B**eispiel:* Immer wieder erleiden Jugendliche im Zuge ihrer Partynacht einen Gehörsturz, der nicht vollständig geheilt werden kann. Die Beeinträchtigung des Hörsinnes bleibt ein Leben lang aufrecht.

stock.adobe.com/Anterovium

Durch das Einhalten des 3B-Schemas kannst du auch vermeiden, schlechte oder ungültige Argumente, so genannte **Scheinargumente**, in deinen Text einzubauen. In diesen Fällen ist es meist nicht möglich, die 3B zu erfüllen. Scheinargumente sind meist geprägt von der individuellen Wahrnehmung und dem eigenen Empfinden, weshalb es dafür keine nachvollziehbare Begründung geben kann. Auch Klischees und Floskeln fallen in diese Kategorie.

Das Ziel deiner Erörterung ist es, mit Hilfe von auf Fakten gestützten Argumenten das Thema zu beleuchten und deine Meinung dazu klar darzustellen. Allerdings darf im Zuge der Argumentation niemals das Personalpronomen „ich" verwendet werden. So sollten die Beispiele, die Behauptung und Begründung stützen, neutral formuliert sein.

09 Betrachte folgende Behauptungen und finde sowohl Begründung als auch Beispiel. Überlege auch, bei welchen Thesen dies warum nicht möglich ist. L

› Der tägliche Konsum von Alkohol ist gefährlich.

› Jede/r von uns sollte mindestens einmal pro Woche auf Fleisch verzichten.

› Alle Politiker sind bestechlich.

› Das Tragen einer Schuluniform gleicht Standesunterschiede aus.

› Die Lieder von Ed Sheeran klingen besser als die von Rea Garvey.

In der dialektischen Erörterung stehen sich **Pro-Argumente** (P), die deine Meinung bestärken, und **Kontra-Argumente** (K) gegenüber. Um einen ausgewogenen Text zu verfassen, wird von **sechs Argumenten** ausgegangen. Es ist möglich, eine Erörterung mit weniger Argumenten zu verfassen, da in den vorgegebenen Aufgabenstellungen meist keine konkrete Zahl an Argumenten gefordert ist. Um inhaltlich den Anforderungen einer Erörterung zu entsprechen, müssen mindestens drei Argumente angeführt werden (2 P + 1 K). Um die geforderte Wortanzahl der Textsorte zu erreichen, ist es ratsam, im Schreibplan von mindestens vier Argumenten auszugehen.

Das Verhältnis zwischen Pro- und Kontra-Argumenten sollte dabei ausgeglichen sein. Allerdings ist es auch in Ordnung, mehr Pro-Argumente zu finden. Dabei ist es aber wichtig, dass die Anzahl der Argumente, die deine Meinung vertreten, höher ist als jene der Gegenargumente. So kann der Leser/die Leserin dem Gedankengang deiner Erörterung folgen.

Es gibt zwei Möglichkeiten, wie Argumente in der Erörterung angeordnet werden können:

- **Parallelbau / Reißverschlussprinzip / Ping-Pong-Prinzip:**
  Pro- und Kontra-Argumente wechseln sich ab (P-K-P-K-P-K), wobei darauf zu achten ist, dass aufeinanderfolgende P und K inhaltlich zusammenpassen. Zusätzlich sollte das stärkste Argument als letztes angeführt werden. Bei einer ungeraden Anzahl an Argumenten folgt man dem Schema P-K-P-K-P und schließt den Hauptteil mit dem überzeugendsten Argument der eigenen Meinung.

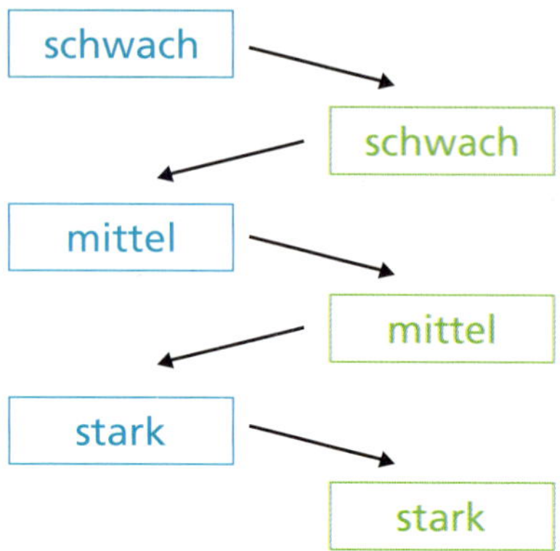

- **Sanduhrprinzip:**
  Pro- und Kontra-Argumente werden nach ihrer Überzeugungskraft von schwach bis stark geordnet. Im Text werden zuerst die Kontra-Argumente von stark bis schwach dargelegt. Anschließend werden die Pro-Argumente in umgekehrter Reihenfolge – von schwach bis stark – erläutert (**K**KK-PP**P**). Auch hier schließt der Hauptteil mit dem überzeugendsten Argument der eigenen Meinung.

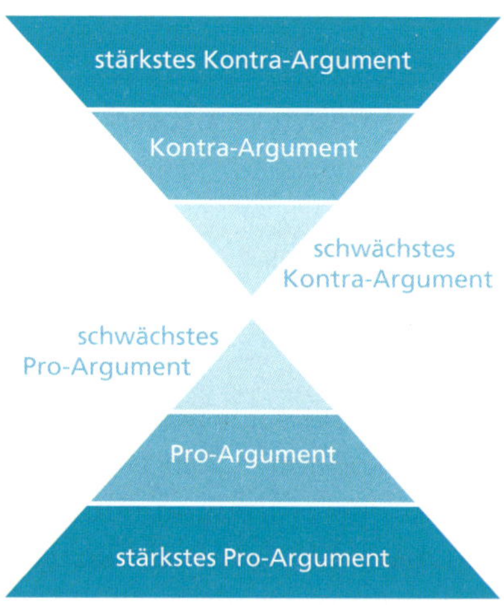

Um die gute Lesbarkeit deiner Erörterung zu gewährleisten, ist es wichtig, die einzelnen Argumente und Gegenargumente sprachlich miteinander zu verknüpfen:

stock.adobe.com/GAZGRAPHICS

Formulierungshilfen für Satzanfänge mit Pro-/Kontra-Argumenten:

› Ein (weiteres) Argument/Gegenargument ist…
› Für diese Sichtweise/Gegen diese Sichtweise spricht …
› Ein (weiterer) Aspekt/Ein (weiterer) Gesichtspunkt ist …
› Betrachtet man die Sachlage näher, dann …

veritas.at/code

Formulierungshilfen für Satzanfänge zur Bekräftigung:

- Ebenso wichtig ist …
- Ebenfalls spielt … eine Rolle.
- Verstärkt wird dieser Eindruck …
- Kaum zu entkräften ist …
- Entscheidend ist dabei folgender Aspekt …

Formulierungshilfen für Satzanfänge zur Ergänzung:

- Weiters spricht dafür/dagegen, dass …
- Dafür/Dagegen spricht auch, dass …
- Man darf auch nicht … vergessen, dass …
- Entscheidend ist …
- Nicht zu übersehen ist …
- Natürlich gibt es auch …
- Außerdem kommt noch hinzu …
- Ergänzend soll erwähnt werden …
- Zusätzlich ist festzustellen, dass …
- Außerdem muss angemerkt werden …
- Weiters/Zusätzlich ist zu bedenken …

Der Schluss

Nachdem du deine Argumente und Gegenargumente dargelegt hast, ist es am Schluss Zeit, deine **eigene Meinung** zum Thema klar darzustellen. In vielen Fällen wirst du durch das Erörtern der unterschiedlichen Argumente zu einem **eindeutigen Standpunkt** kommen. Es ist aber auch möglich, dass du am Ende deines Textes **kein klares Urteil** fällen kannst. Sollte dies der Fall sein, dann halte auch das im Schlussteil deiner Erörterung fest.

Im Schluss deiner Erörterung werden auch wichtige Punkte des Hauptteils noch einmal zusammengefasst. Zusätzlich können **Lösungsvorschläge und Kompromisse** das Thema betreffend angeführt werden. Sollte letzteres im Rahmen des Schreibauftrages gefordert sein, muss dies im letzten Teil deiner Arbeit enthalten sein.

Wichtig ist, dass du im Schlussteil deiner Erörterung **keine neuen Argumente** oder Sachverhalte aufgreifst. Zusätzlich solltest du darauf achten, dass deine Meinung/Schlussfolgerung mit deiner Argumentation zusammenpasst.

Formulierungshilfen für den Schlussteil:

- Zusammenfassend/Abschließend lässt sich sagen …
- Trotz verschiedener Ansichten/Standpunkte/Blickwinkel …
- Mein persönlicher Standpunkt zum Thema/zu diesem Thema/zu XY …
- Ich vertrete den klaren Standpunkt, dass …
- Nach Abwägen/Diskutieren aller Argumente denke ich …
- Mein Wunsch/Lösungsvorschlag/Kompromissvorschlag wäre es …
- Meiner Einschätzung/Meinung nach …
- Abschließend möchte ich betonen, …
- Eine mögliche Lösung/Einen möglichen Kompromiss sehe ich …

10 **Lies die angeführten Schlussabsätze von drei Arbeiten zum Thema „Sollten Smartphones in der Schule verboten werden?“ und beurteile, welche davon passend bzw. unpassend sind. Begründe deine Einschätzung.** L

a. Ich habe kein cooles Smartphone, deshalb ist mir egal, ob Handys in der Schule erlaubt oder verboten sind.

b. Abschließend lässt sich sagen, dass die Diskussion rund um Smartphones in der Schule eine sehr umfangreiche mit vielen Standpunkten ist. Wie aus den oben angeführten Argumenten ersichtlich ist, spricht vieles für ein Verbot von Handys in der Schule. Allerdings dürfen auch die positiven Seiten des Smartphones, wie etwa der Einsatz im Rahmen der Digitalen Grundbildung, nicht außer Acht gelassen werden. Ich bin der Meinung, dass es Aufgabe der Schülervertretung und der Direktion ist, einen vernünftigen Kompromiss zu finden. So könnte es zum Beispiel erlaubt sein, Smartphones in großen Pausen zu verwenden. Den Rest des Schultages sollten sie aber ausgeschaltet bleiben.

c. Nach Abwägen aller Argumente und Gegenargumente komme ich zum Schluss, dass Smartphones in der Schule auf jeden Fall verboten werden müssen, auch wenn das bei vielen Schülern auf Unverständnis trifft.

Mustertext uez 267

Checkliste uez 268

JETZT ICH: EINEN TEXT VERFASSEN

11 **Bearbeite Schreibauftrag 1.** L

Schreibauftrag 1

Verfassen Sie eine Erörterung.

Lesen Sie den Blog *„Weltblutspendetag: Warum kann man Blut noch nicht künstlich herstellen?“*, der unter dem Kürzel POEM am 14.06.2022 auf der Online-Seite des *„Standard“* veröffentlicht wurde.

Verfassen Sie eine **Erörterung** und bearbeiten Sie dabei folgende Arbeitsaufträge:

- Stellen Sie Notwendigkeit und Häufigkeit von Blutspenden in Österreich dar.
- Nennen Sie Ursachen/Gründe für den niedrigen Lagerbestand an Blutkonserven.
- Diskutieren Sie Gründe, die für bzw. gegen eine Blutspende sprechen.
- Entwerfen Sie abschließend geeignete Lösungen, wie der Mangel an Blutkonserven zukünftig vermieden werden kann.

Schreiben Sie zwischen 405 und 495 Wörter.
Markieren Sie Absätze mittels Leerzeilen.

veritas.at/code

Weltblutspendetag: Warum kann man Blut noch nicht künstlich herstellen?

[…] Alle 90 Sekunden wird in Österreich eine Blutkonserve benötigt – etwa bei Geburten, nach Unfällen, bei Operationen oder bei der Behandlung schwerer Krankheiten. Insgesamt sind das etwa 1.000 Blutkonserven pro Tag. Aber aktuell seien die Lagerstände „besorgniserregend niedrig", heißt es vonseiten des Roten Kreuzes.

Das liegt an mehreren Faktoren: Zum einen hat die Corona-Pandemie viele Menschen erst krankheitsbedingt vom Blutspenden abgehalten, jetzt holen viele ihre geplanten Urlaube und Freizeitaktivitäten nach und gehen deshalb nicht spenden. Zum anderen haben die Krankenhäuser aktuell einen vermehrten Bedarf an Blutkonserven, da coronabedingt verschobene, nicht zeitkritische Operationen nachgeholt werden.

Blutkonserven können rund um die Uhr von Spitälern angefordert werden. Rund 70 Prozent davon werden – etwa für Operationen – langfristig vorbestellt, 30 Prozent werden akut verabreicht. „Sind die Lagerstände, so wie jetzt gerade, sehr niedrig, kann es dazu kommen, dass geplante Routineeingriffe abgesagt und verschoben werden müssen", warnt Ursula Kreil, Leiterin der Abnahme in der Blutspendezentrale für Wien, Niederösterreich, Burgenland.

Blutspenden bleiben bis auf weiteres unersetzlich

Bisher kann Blut nur durch den Körper selbst hergestellt werden. Für das Blutspendewesen wäre es ein riesiger Fortschritt, wenn Blut künstlich hergestellt werden könnte, meint Kreil. Blutkörperchen werden vor allem im Knochenmark gebildet, dort reifen sie aus sogenannten Mutter- oder Stammzellen heran.

Diesen Prozess nachstellen? Eine Herausforderung für die Wissenschaft: „Es gibt dazu unterschiedlichste Denkansätze, jedoch wird es in absehbarer Zeit nicht möglich sein, Blut künstlich herzustellen. Es ist zwar möglich, rote Blutkörperchen aus Stammzellen zu züchten, der zeitliche Aufwand und die Kosten dafür sind aber enorm", sagt Kreil und spricht dabei vom letzten großen Durchbruch in der Forschung zu Blutersatz. […]

„Die Anforderungen an ‚künstliches Blut' beziehungsweise den Ersatzstoff sind extrem hoch – er muss vom Körper angenommen werden, darf keine Nebenwirkungen für den Menschen haben und muss den Sauerstoff im Organismus richtig transportieren. Die freiwillige Blutspende und ihre aufwendige Verarbeitung bleiben daher bis auf weiteres unersetzlich", betont Kreil.

Blutkonserven sind nicht lange haltbar

„Wir sind daher auf die Unterstützung jeder und jedes Einzelnen angewiesen und rufen Menschen aller Blutgruppen auf, zur Blutspende zu kommen und uns zu helfen, unsere Lagerstände vor dem Sommer auf ein sicheres Niveau zu bringen", appelliert auch Gerald Schöpfer, der Präsident des Österreichischen Roten Kreuzes, in einer Aussendung.

Grundsätzlich können alle gesunden Menschen im Alter von 18 und 70 Jahren Blut spenden. Bis zu viermal jährlich kann gespendet werden, zwischen zwei Blutspenden müssen mindestens acht Wochen liegen. […] Eine Blutkonserve ist nur 42 Tage lang haltbar.

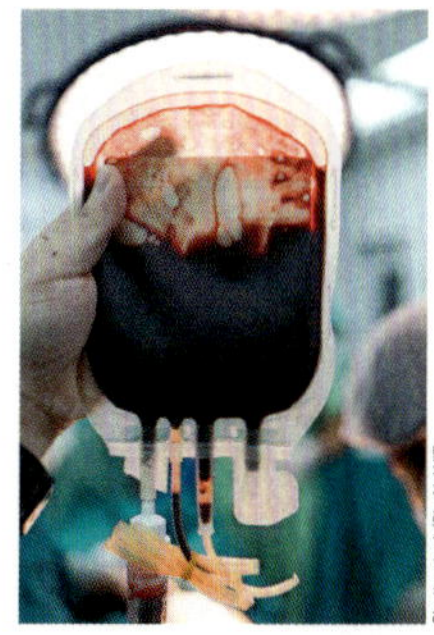

Shutterstock/ChaNaWiT

ERÖRTERUNG

Bedarf an Blutkonserven wächst

Die Spendenbereitschaft sei laut Kreil nach über zwei Jahren Corona-Pandemie nicht nur in Österreich gering – auch andere europäische Länder stehen vor dieser Herausforderung. Im Jahr 2021 haben laut Angaben des Roten Kreuzes in Österreich insgesamt 222.295 Personen Blut gespendet, das sind 3,56 Prozent der Bevölkerung im spendenfähigen Alter – zu wenige, vor allem mit Blick in die Zukunft, warnt Kreil: „Eine weitere große Herausforderung ist unter anderem der demografische Wandel. Die Bevölkerung wird immer älter und braucht daher auch immer mehr Blutspenden. Um den Bedarf auszugleichen, benötigen wir wiederum mehr junge Blutspenderinnen und Blutspender."

Erste Schritte wurden dahingehend kürzlich gesetzt: In Österreich sollen homosexuelle Männer schon bald nicht mehr vom Blutspenden ausgeschlossen sein. Die dafür erforderliche Novelle zur Blutspenderverordnung des Gesundheitsministeriums wurde vergangenen Freitag kundgemacht. Die neue Regelung, die nicht mehr zwischen hetero-, bi- und homosexuellen Menschen unterscheidet, tritt am 31. August in Kraft. […]

Blutspendetag zu Ehren des Entdeckers der Blutgruppen

Der alljährliche Blutspendetag am 14. Juni soll weltweit daran erinnern, wie wichtig die Blutspende ist. Der Tag findet am Geburtstag des Naturwissenschafters Karl Landsteiner statt. Im Jahr 1939 hat er für seine Entdeckung der Blutgruppen A, B, 0 und AB den Nobelpreis für Medizin erhalten – ein Meilenstein in der modernen Medizin. […]

(poem, 14.6.2022)

Weltblutspendetag: Warum kann man Blut noch nicht künstlich herstellen? In: derstandard.at, 14.6.2022

12 **Bearbeite Schreibauftrag 2.** L

Schreibauftrag 2

Verfassen Sie eine Erörterung.

Lesen Sie den Artikel *„Geschlachtet, verpackt, verbrannt: Unsere Lebensmittelverschwendung"*, geschrieben von Diana Dauer und veröffentlicht in der Online-Ausgabe des *„Kurier"* am 31.01.2022 (Text 1) und betrachten Sie die Grafik *„Vermeidbare Lebensmittelabfälle"*, veröffentlicht auf der Homepage des Vereins *„Landwirtschaft leben"* (Text 2).

Verfassen Sie eine **Erörterung** und bearbeiten Sie dabei die folgenden Arbeitsaufträge:

- Beschreiben Sie die aktuelle Situation rund um Lebensmittelverschwendung in Österreich.
- Erläutern Sie Gründe für die große Menge an verschwendeten Lebensmitteln. Berücksichtigen Sie dabei auch den Umgang mit Lebensmitteln in Ihrem persönlichen Umfeld.
- Diskutieren Sie, warum Lebensmittelverschwendung vermieden werden sollte, auch in Anbetracht des Klimawandels.
- Machen Sie Vorschläge, wie Lebensmittelverschwendung bestmöglich vermieden werden kann.

Schreiben Sie zwischen 540 und 660 Wörter. Markieren Sie Absätze mittels Leerzeilen.

Text 1

Geschlachtet, verpackt, verbrannt: Unsere Lebensmittelverschwendung

Jedes Jahr wird über eine Milliarde Tonnen Lebensmittel verschwendet – von Frischfleisch bis zum Brot. Immer mehr Unternehmen machen Lösungen gegen die Verschwendung zu ihrem Geschäft. Der Blick in den Müll lohnt sich. […]

Umsonst gestorben

Fleisch, das mit hohem Ressourcenaufwand produziert wird, in die scheinbar nie leerwerdenden Supermarktregale geschlichtet und letztendlich verbrannt wird. Wehe denen, deren Frischfleischquelle im Kühlregal versiegt. Haben Supermärkte Fleischprodukte nur so lange der Vorrat reicht, wandern Kunden und Kundinnen zu anderen Supermärkten.

Der Kunde ist es gewohnt, immer und zu jederzeit noch den frischen Braten zu bekommen – auch kurz vor Ladenschluss. Doch was nicht verkauft wird, wird entsorgt. Etliche Zuchttiere sind dann umsonst gestorben.

Immer Vorrat

Das Resultat des Überflusses sind unfassbare Mengen an vermeidbarer Lebensmittelverschwendung. Das betrifft in Österreich aber nicht nur Fleisch, auch Milchprodukte, Backwaren, Obst und Gemüse landen in rauen Mengen im Abfall.

„Die Supermärkte aber sind nur ein Glied in der Kette", erklärt Greenpeace Agrarexperte Sebastian Theissig-Matei gegenüber dem KURIER. Entlang der Wertschöpfungskette gibt es einige Stationen, an denen Lebensmittelabfälle entstehen.

Wo das Essen liegen bleibt

Das beginnt bereits auf dem Feld, auf dem Form- und Größensonderlinge liegen bleiben, geht in der Produktion über den Handel und Großhandel weiter. Große Mengen vermeidbarer Lebensmittelabfall fallen in der Gastronomie an und besonders viel im eigenen Heim. Die privaten Haushalte entsorgen den größten Anteil an Lebensmitteln. […]

Über eine Milliarde

Weltweit landen 1,3 Milliarden Tonnen Lebensmittel im Müll. Mit einem Viertel dieser Lebensmittel könnte man, so Greenpeace, den globalen Hunger stillen. Österreich liegt bei der Lebensmittelverschwendung mit etwa einer Million Tonnen im Jahr über dem EU-Durchschnitt. Hier füllt sich etwa pro Sekunde eine Mülltonne mit vermeidbaren Lebensmittelabfällen. Im Schnitt werden hierzulande zwischen 250 und 800 Euro pro Haushalt und Jahr für weggeworfene Lebensmittel ausgegeben. Ein vermeidbares Übel.

Dass Massen im Hausmüll landen, „liegt auch an einem Missverständnis des Mindesthaltbarkeitsdatums. In der EU werden zehn Prozent der Lebensmittel entsorgt, weil man diese Information fehlinterpretiert", erklärt Georg Strasser, Country Manager von Toogoodtogo. Das Unternehmen aus Dänemark hat es sich zur Aufgabe gemacht, Mahlzeiten vor dem Abfalleimer zu retten, indem sie Überbleibsel aus Gastronomie und Supermärkten an Endkunden vermitteln, bevor sie in der Tonne landen.

Mit dieser Geschäftsidee steht Toogoodtogo aber nicht alleine da. Immer mehr Unternehmen und Konsumenten sind sich der Dramatik der Verschwendung bewusst und steuern mit ihrem Konsum und Geschäftsmodellen dagegen.

Unternehmen wittern Möglichkeiten und sehen Notwendigkeit
„Wir bieten eine wirtschaftliche Lösung für ein Umweltproblem", sagt Georg Strasser gegenüber dem KURIER, der Toogoodtogo in Österreich leitet.

In Österreich arbeitet die Plattform mittlerweile mit 3.700 Kaffeehäusern, Restaurants, Supermärkten und Hotels zusammen. Und die Plattform wächst mit steigendem Bewusstsein in der Gesellschaft. Strasser berichtet, dass in Österreich bisher 2,2 Millionen Mahlzeiten gerettet wurden […].

Bereits beim Landwirt setzt das österreichische Unternehmen „Unverschwendet" an. Sie produzieren Marmeladen, Sirup und Chutneys aus überschüssigem Obst und Gemüse von Bauern. Und das Angebot ist riesig. „Nur aus dem Umkreis von Wien wurden uns bereits zehn Millionen Kilo Obst und Gemüse angeboten, das den Landwirten übrig bleibt", sagt die Gründerin und Geschäftsführerin Caroline Diesenreiter.

Die Nachfrage nach geretteten Lebensmitteln ist bei beiden Firmen groß. Immer mehr Initiativen und Unternehmen entdecken ihren Weg, um wirtschaftliche Lösungen für dieses Problem zu finden. Konkurrenzgefühle spüren weder Strasser von Toogoodtogo noch Diesenreiter von Unverschwendet. „Es gibt so viele Abfälle, dass noch lange keine Konkurrenz entsteht", sagt Caroline Diesenreiter.

Dauer, Diana: Geschlachtet, verpackt, verbrannt: Unsere Lebensmittelverschwendung. In: kurier.at, 31.1.2022

Text 2

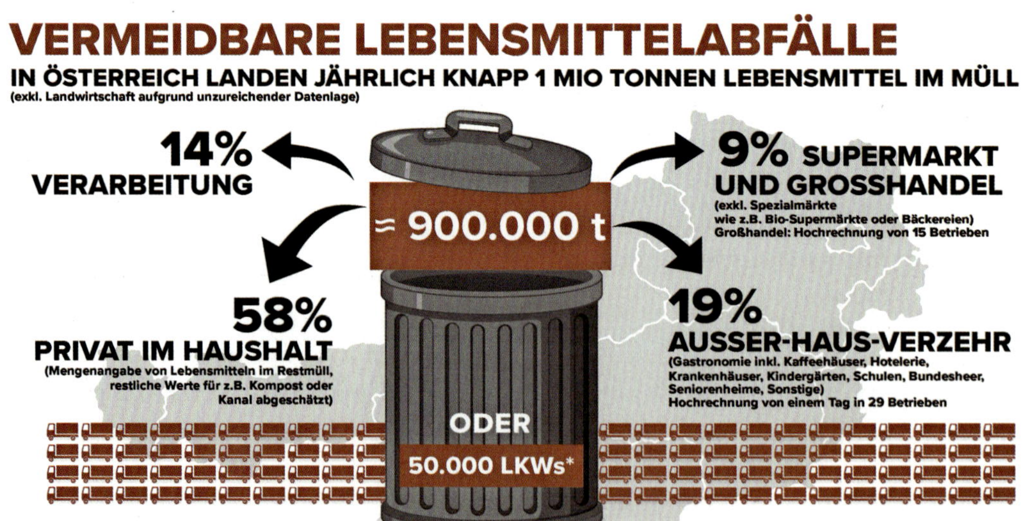

Infografik © Land schafft Leben 2022 *bei einer Beladung von 18 Tonnen Lebensmittel pro LKW; Quelle PRIVAT IM HAUSHALT: Schneider et al. (2012) und Obersteiner, G. und Luck, S. (2020); Quelle AUSSER-HAUS-VERZEHR: Hard et al. (2016); Quelle SUPERMARKT: Hietler und Pladerer (2019); Lebersorger und Schneider (2014); Quelle VERARBEITUNG: Hietler und Pladerer (2017)

FEINSCHLIFF: EINEN TEXT ÜBERARBEITEN

Ausgangstext Erörterung
uez291

13 **Der folgende Text wurde von einem Schüler der 8. Klasse verfasst. Es geht dabei um das Thema der Political Correctness. Bearbeite die folgenden Aufgaben. Den Ausgangstext findest du als Arbeitsblatt.** L

- Lies den Text des Schülers aufmerksam durch und korrigiere im Text alle Verstöße gegen Grammatik und Rechtschreibung. Markiere in der Schülerarbeit ebenso Textstellen farbig, deren Formulierung bzw. Ausdruck verbessert werden sollte.
- Überprüfe, ob der Text in Einleitung, Hauptteil und Schluss gegliedert werden kann. Kontrolliere auch, ob die Basisinformationen korrekt genannt werden. Stelle fest, ob es hier eine Überleitung zwischen Einleitung und Hauptteil gibt.
- Schau dir die im Hauptteil angeführten Argumente genau an, markiere sie im Text und überprüfe, ob das 3B-Schema eingehalten wurde bzw. ob es sich um echte oder Scheinargumente handelt.
- Prüfe auch, ob die genannten Arbeitsaufträge/Operatoren im Text erfüllt wurden.
- Halte in deiner Mappe in Stichworten fest, was dir an der Erörterung gefällt bzw. was der Schüler überarbeiten sollte. Bewerte anschließend seine Erörterung mithilfe des Beurteilungsrasters auf › S. 14 und › S. 146.

Thema: Political Correctness – Rechte und Grenzen

Lesen Sie den Artikel *„Was man nicht sagen darf"*, verfasst von Erich Kocina und veröffentlicht am 02.08.2009 auf der Online-Seite der *„Die Presse"*.

Verfassen Sie eine **Erörterung** und bearbeiten Sie dabei folgende Arbeitsaufträge:

- Fassen Sie die wesentlichen Aussagen des Textes zusammen.
- Diskutieren und beurteilen Sie die im Text dargestellten Argumente.
- Stellen Sie abschließend Ihre Position zum Thema dar und appellieren Sie in diesem Sinn.

Schreiben Sie zwischen 405 und 495 Wörter.
Markieren Sie Absätze mittels Leerzeilen.

Heutzutage beschäftigt man sich sehr viel mit dem Thema Gleichberechtigung und politische Korrektheit. Der Artikel „Was man nicht sagen darf" beschäftigt sich mit dem Thema Gleichberechtigung und vor allem auch über die politische Korrektheit von Begriffen. Verfasst wurde der Text von Erich Kocina, erschienen am 2.8.2009 in der Onlineausgabe der Presse.

Gerade in einem Zeitalter von Soziale Medien sowie Instagram, X[1] und Facebook treten oft vermehrt rassistische oder diskriminierte Begriffe auf. Leider sind diese aber keine Neuheit und es gibt schon seit unzähligen Jahre Begriffe, die sich in unserer Gesellschaft festgesetzt haben. Einige davon sind zum Beispiel „Neger" oder „Eskimo". Natürlich sind diese Begriffe weder politisch noch moralisch vertretbar. Durch die Verbreitung dieser Begriffe sind aber auch Gegenbewegungen entstanden die nun versuchen, Begriffe wie diese aus der Welt zu schaffen beziehungsweise eine politisch korrekte Beziehung zu finden.

1 Microblogging-Dienst, früher Twitter

Grundsätzlich ist es natürlich nicht in Ordnung Menschen mit rassistischen oder diskriminierenden Begriffen zu bezeichnen daher dies sehr beleidigend ist. Des Weiteren entstehen auch weiterführend Spaltungen der Gesellschaft weil somit negative Gerüchte ihren Lauf nehmen und dazu führen das mehr und mehr Vorurteile entstehen.

Wie man weiß, ist das Thema Gleichberechtigung sehr umstritten und es gibt heutzutage immer noch Leute, die politisch nicht korrekte Begriffe in ihrem Sprachgebrauch verwenden. Wie schon erwähnt ist es wichtig Lösungen für diskriminierende Szenarien zu finden um die Gleichberechtigung aller Menschen sicherzustellen. Man sollte Menschen nicht nach ihrer Religion, Rasse, Hautfarbe, Herkunft oder auch Sprache beurteilen. Dieses Denken findet auch oft ihren Ursprung in der eigenen Familie. Viele frühere Generationen sind oft sehr mit Vorurteilen geprägt und geben diese auch an die nächste Generation weiter. So finden auch immer wieder Begriffe wie „Neger“, „ Ziegeunerschitzel“ oder auch „Eskimo“ ihren Halt in der Bevölkerung.

Grundsätzlich sollte man für jede diskriminierende oder rassistische Begriffe eine neutrale und politisch korrekte Lösung finden. Um eine größere Bevölkerungsgruppe zu erreichen sollten auch immer mehr Politiker: innen und Regierungen mehr Fokus auf diesen Bereich legen. Genauso sollten Menschen mit hoher Reichweite das Thema Gleichberechtigungen aufgreifen und ihre Reichweite dazu Nutzen um die Bedeutung von „Political Correctness“ zu erhöhen. Jn einem solchen Szenario würde auch das Thema Gleichberechtigung in ein neues Licht rücken. Natürlich würden somit auch viele andere Organisationen dieses Thema aufgreifen und dadurch würde es zu mehr Aufmerksamkeit führen.

Mein Appell an die Menschheit wäre, dass man das Thema Gleichberechtigung mehr Aufmerksamkeit schenken sollte. Des Weiteren sollte man nicht immer nur um den heißen Brei herumreden, sondern man sollte anfangen nach Lösungsvorschläge zu suchen um rassistische sowie diskriminierende Begriffe aus der Welt zu schaffen.

Ausgangstext: Kocina, Erich: Political Correctness: Was man nicht sagen darf. In: diepresse.com, 2.8.2009

ZUM SCHLUSS: ANTWORTEN ZU DEN FAQS

14 **Lies noch einmal die Fragen, die Jugendliche zur Textsorte Erörterung › S. 51 gestellt haben. Welche davon sind für dich noch offen? Antworten findest du hier:**

Wie schlimm ist es, wenn ich die geforderte Wortanzahl nicht einhalte?

Das Überschreiten der Wortanzahl wird meist toleriert, sofern der Inhalt in Ordnung ist. Das Unterschreiten der geforderten Mindestwortanzahl wirkt sich negativ auf die Gesamtnote aus.

Muss meine Erörterung Argumente und Gegenargumente beinhalten?

Ja, denn nur eine Erörterung, die alle Blickwinkel beleuchtet, ist eine vollständige dialektische Erörterung. Auch ist es wichtig, in der Argumentation klar und sachlich zu bleiben.

Muss ich Argumente aus dem Ausgangstext übernehmen?

Du kannst Argumente und Gedanken aus dem Ausgangstext aufgreifen und damit weiterarbeiten, musst das aber nicht tun (außer es wird im Schreibauftrag gefordert). Da die Eigenständigkeit des Inhaltes deines Textes ein wichtiges Beurteilungskriterium darstellt, ist es auf jeden Fall von Vorteil, eigene Gedanken und Argumente einzubauen.

Muss ich den Inhalt des Ausgangstextes immer zusammenfassen?

Grundsätzlich ist eine kurze Zusammenfassung des Artikels in der Einleitung oder zu Beginn des Hauptteiles als Überblick über das Thema zu empfehlen. Diese sollte aus nur wenigen Sätzen bestehen. Oft wird eine Zusammenfassung auch im Rahmen der vorgegebenen Arbeitsaufträge des Schreibauftrages gefordert.

In welchem Teil der Erörterung darf ich meine eigene Meinung ausdrücken?

In einer Erörterung darfst du deine eigene Meinung erst im Schlussteil bekannt geben. Sollte dir dies im Hauptteil passieren, so wirkt sich das negativ auf die Beurteilung aus.

Was ist der Unterschied zwischen einer Erörterung und einer Meinungsrede?

Abgesehen vom Aufbau (Anrede, Abschluss, Stilmittel) werden in der Meinungsrede meist nur die Argumente jenes Standpunktes aufgezeigt, der von der Sprecherin/dem Sprecher vertreten wird. Eine Meinungsrede soll überzeugen, die Erörterung unterschiedliche Standpunkte diskutieren.

Was ist der Unterschied zwischen einer Erörterung und einem Kommentar?

Beim Kommentar müssen keine Gegenargumente angeführt werden. Auch ist die eigene Meinung den gesamten Text über ersichtlich. Ein Kommentar fordert rhetorische Mittel und Stilfiguren.

Was mache ich, wenn mir zum Thema nichts einfällt?

Verfasst du deine Erörterung als Übungstext, so steht dir das Internet als Informationsquelle zur Verfügung. Vor allem journalistische Texte können dir unterschiedliche Standpunkte zu einem Thema zeigen.

Um optimal auf Prüfungen (Schularbeit, Reifeprüfung) vorbereitet zu sein, empfiehlt es sich, dem aktuellen Tagesgeschehen via Printmedien, Fernsehen und/oder Internet zu folgen. So sammelst du Allgemeinwissen, das dir dann beim Schreiben eines Textes hilft.

Welches sind die häufigsten Fehler, die beim Schreiben einer Erörterung passieren?

- Die Zusammenfassung des Ausgangstextes ist zu lang.
- Deine Argumente erfüllen das 3B-Schema nicht.
- Deine Erörterung enthält keine eigenen Gedanken und Argumente, sondern nur die des Ausgangstextes.
- In deiner Erörterung gibt es nur Pro- und keine Kontra-Argumente.
- Zwischen den Argumenten gibt es keine oder keine sprachlich passende Überleitung.
- Deine eigene Meinung wird im Hauptteil genannt.
- Im Schlussteil wird ein neues Argument genannt.

SPEAKERS' CORNER

Die Meinungsrede

An wen richte ich meine Meinungsrede?

Was ist der Unterschied zwischen einer Erörterung und einer Meinungsrede?

Was mache ich, wenn ich vom Thema keine Ahnung habe?

Was sind häufige Fehler, auf die ich besonders achten soll?

01 **Ergänze selbst weitere Fragen, die du zu dieser Textsorte hast. Schreibe in die leeren Sprechblasen.** L

GRUNDLEGENDES: DIE TEXTSORTE KENNENLERNEN

Erklärvideo Meinungsrede uez 269

Was ist das Besondere an einer Meinungsrede?	Eine **Meinungsrede** … › nimmt **Bezug auf** ein **Thema**, das **in** der **Gesellschaft** aktuell diskutiert wird. › vertritt zu einem strittigen Thema eine **klare Meinung** und möchte auch die Leserinnen und Leser von dieser Meinung **überzeugen**. › ist eine argumentativ-appellative Textsorte. › entspricht einem ausformulierten **Redemanuskript**. › setzt gezielt **rhetorische Mittel** ein. › bleibt auch bei emotionalisierenden Themen **sachlich** und arbeitet mit nachvollziehbaren Argumenten.
Für wen schreibe ich die Meinungsrede?	Die meisten Matura-Angaben (Ausnahmen sind hier die Textanalyse, die Textinterpretation und die Erörterung), aber auch die Schularbeitsangaben in der Oberstufe, geben Auskunft über die **Situation**, in der dieser Text entstehen soll. Üblicherweise wirst du aufgefordert, eine Rede im Rahmen eines Redewettbewerbs, einer Projektpräsentation oder einer Podiumsdiskussion zu halten. Dein **Zielpublikum** wird nicht nur aus Gleichaltrigen bestehen, in der Regel hältst du deine Rede auch vor Lehrerinnen und Lehrern, Eltern oder Besucherinnen und Besuchern einer Veranstaltung. Für die Verschriftlichung bedeutet das: Verwende die Höflichkeitsform. Das Publikum soll dazu angeregt werden, sich deiner Meinung anzuschließen oder einen Standpunkt zu überdenken, gegebenenfalls auch zu präzisieren. Ob du gegenüber dem Ausgangstext und den dort formulierten Aspekten eine zustimmende oder ablehnende Haltung einnimmst, ist dir dabei in den meisten Fällen selbst überlassen.
Welche Texte dienen als Ausgangstext?	Die Ausgangstexte sind in der Regel **journalistische Texte**, also z. B. **Interviews, Artikel, Berichte** oder Texte, die zu den meinungsbetonten journalistischen Textsorten zählen (**Kommentar, Kolumne**). Diese Ausgangstexte liefern Fakten und/oder Meinungen, auf die du Bezug nehmen sollst.
Wie lang soll die Meinungsrede werden?	Die Meinungsrede ist (meist) eine lange (**540 bis 660 Wörter**) **oder** eine mittellange Textsorte (**405 bis 495 Wörter**).
Wie ist eine Meinungsrede aufgebaut?	› **Einleitung** – Redeanlass und Bezugnahme auf Thema und Ausgangstext › **Hauptteil** – eigener Standpunkt, unterstützt durch Argumente und geeignete Beispiele › **Schlussteil** – Schlussfolgerung, Fazit, Appell o. ä.

DARUM GEHT'S: DIE ANGABE VERSTEHEN

Die Operatoren, die du häufig in Schreibaufträgen für eine Meinungsrede findest, stammen aus allen drei Anforderungsbereichen, z. B.

- Benennen Sie … (Anforderungsbereich 1: Reproduktion)
- Untersuchen Sie … (Anforderungsbereich 2: Reorganisation und Transfer)
- Appellieren Sie … (Anforderungsbereich 3: Reflexion und Problemlösung)

Pro Schreibauftrag musst du mit drei bis vier Arbeitsaufträgen rechnen, das entspricht also drei bis vier Operatoren, die alle bearbeitet werden müssen.

02 Untersuche den Schreibauftrag in diesem Kapitel (› S. 78). **Unterstreiche darin die Operatoren.** L

› Ordne sie auch dem jeweiligen Anforderungsbereich (vgl. › Einleitung S. 12f. ‹) zu. Vergleiche sie mit den oben genannten Operatoren. Was kannst du feststellen? Notiere deine Erkenntnisse.

HIN ZUM EIGENEN TEXT: VERSTEHEN UND PLANEN

Eine Meinungsrede gehört zu den argumentativ-appellativen Textsorten. Argumentieren bedeutet, Behauptungen (Thesen, Aussagen, Meinungen) und Forderungen zu einem strittigen Thema aufzustellen und diese zu begründen. Wie du schon von anderen Textsorten weißt, besteht eine vollständige Argumentationskette aus einer **B**ehauptung, einer **B**egründung und einem **B**eleg. Man spricht daher auch von der **3B-Regel** › Erörterung S. 59 ‹. Eine Übersicht zu den wichtigsten Arten von Argumenten findest du hier › Kommentar S. 86f. ‹.

03 Lies den folgenden Bericht aus der Online-Ausgabe des deutschen Nachrichtenmagazins „Der Spiegel" aufmerksam. Markiere wichtige Inhalte. L

Ökonom prangert klimafeindlichen Lebensstil an „Die Mehrheit lebt wie ökologische Vandalen"

Flugscham, Plastikverzicht, Demonstrationen fürs Klima: Die Bürgerinnen und Bürger denken immer ökologischer. Oder nicht? Der Ökonom Niko Paech beobachtet, dass ausgerechnet jetzt die Nachfrage nach dekadentem Luxus wächst.

Hunderttausende gehen freitags für den Klimaschutz auf die Straße, Aktivistinnen und Aktivisten demonstrieren gegen den Kohleabbau und das Wort „Flugscham" findet den Weg in den allgemeinen Wortschatz. Wird die Gesellschaft also insgesamt ökologischer? Im Gegenteil, sagt der Wirtschaftswissenschaftler Niko Paech.

stock.adobe.com/ink drop

Vor der Weltklimakonferenz bescheinigte Paech vielen […], sich über die fatalen umweltschädlichen Folgen ihres Lebensstils selbst zu täuschen. Inmitten der Klagerufe über die Klimakrise wachse ausgerechnet die Nachfrage nach **dekadentem** Luxus am stärksten, der einen immensen Ausstoß klimaschädlicher Treibhausgase mit sich bringe, sagte der Ökonom von der Universität Siegen der Nachrichtenagentur dpa. „Das sind Kreuzfahrten, das sind **SUVs**, das ist der Luftverkehr, die Digitalelektronik und die Nachfrage nach noch mehr Wohnraum." Dies sei reiner Komfort, der sich nicht als Befriedigung essenzieller Grundbedürfnisse rechtfertigen lasse. „Hier offenbart sich die Lebenslüge einer Gesellschaft, deren Mehrheit meint, sie sei klimakompetent, aber lebt wie ökologische **Vandalen**."

„Wir haben nichts, aber auch gar nichts erreicht"

Die Uno-Klimakonferenz, die am Montag in Madrid beginnt, berät darüber, wie sich die Erderhitzung auf ein erträgliches Maß begrenzen lässt, ohne dass Ökosysteme in wenigen Jahrzehnten kollabieren.

Paech sagte, nötig sei ein radikales Umsteuern, um den Ausstoß von Treibhausgasen drastisch zu senken – und zwar kurzfristig. Seit Jahrzehnten werde versucht, das Wirtschaftswachstum von Umweltschäden aller Art zu entkoppeln. „Und wir haben nichts, aber auch gar nichts erreicht."

Unabdingbar sei daher nun nicht nur eine Wirtschaft ohne Wachstum, sondern ein Rückbauprogramm. Das sei aber kein Marsch in die **Askese** oder ins Mittelalter, sondern könne verstanden werden als eine Befreiung vom Überfluss.

„Vordringlich ist der Rückbau einer Mobilität, die mit dekadentem Luxus korrespondiert und dabei Massen an Öl verbraucht. Es gibt kein Menschenrecht darauf, eine Kreuzfahrt zu buchen. Es gibt kein Menschenrecht darauf, Urlaub mit dem Flugzeug zu machen." Es existierten aber unendlich viele Möglichkeiten, hier in Europa Urlaub ohne Kerosin zu verbringen.

Die Mehrheit lebt wie ökologische Vandalen.
In: spiegel.de, 1.12.2019

04 **Schlage die fett gedruckten Begriffe in einem Wörterbuch (oder z. B. unter www.duden.de) nach.** L

05 **Markiere jene Stellen in dem Bericht, die Ausgangspunkt für eine weiterführende Diskussion sein könnten, die also entweder Zustimmung oder Kritik bei der Leserin oder dem Leser auslösen können.** L

06 **Arbeite mit einer Partnerin oder einem Partner zusammen. Bearbeitet die folgenden Punkte:** L

› Findet weitere Argumente, welche die Argumentationslinie von Niko Paech unterstützen können.

› Sucht nach weiteren Beispielen, die die Thesen untermauern können.

› Findet passende Gegenargumente zur Haltung des Ökonomen.

› Nehmt Stellung zum Bericht: Zu welcher Schlussfolgerung kommt ihr? Stimmt ihr dem Ökonomen zu oder nicht? Begründet eure Antwort mit passenden Argumenten.

07 **Formuliere zu den folgenden Behauptungen je zwei vollständige Argumentationsketten (3B-Regel). Überlege zuerst, ob du der Aussage zustimmst oder nicht.** L

› Eine vegane Lebensweise vermindert das Tierleid.

› Hausübungen sind unnötig.

› Wer im Winter Erdbeeren essen möchte, sollte eine Extrasteuer zahlen.

SPRACHLICHE MITTEL: DIE RICHTIGEN WORTE FINDEN

Die Einleitung

Die Anrede – der erste Satz

In deiner Meinungsrede sollst du dich einleitend an dein Publikum wenden. Die Angabe gibt vor, mit welchem Publikum du zu rechnen hast. Achte darauf, dass sich dein gesamtes Publikum angesprochen fühlt. Gendere also.

stock.adobe.com/KOTO

Mögliche Varianten für die Anrede:

- Sehr verehrte Damen und Herren, ...
- Sehr verehrtes Publikum, ...
- Liebe Festgäste!
  Es freut mich, Sie im Rahmen unserer Festveranstaltung in unserer Aula begrüßen zu dürfen ...
- Liebe Eltern, liebe Lehrerinnen und Lehrer, liebe Frau Direktor, liebe Mitschülerinnen und Mitschüler!
  Es erfüllt mich mit großer Freude, dass so viele von Ihnen heute Abend den Weg an unsere Schule gefunden haben ...

Die Einleitung soll einerseits den **Redeanlass** nennen (Warum hältst du diese Rede?), andererseits sollst du auch auf einen Ausgangstext eingehen (üblicherweise verlangt das Operator 1). Es ist also nötig, im Verlauf deiner Meinungsrede die **Basisinformation** zu dem Text, auf den du dich beziehen sollst, also Titel, Autorin/Autor, Erscheinungsort und Erscheinungsdatum, zu nennen. Das muss aber nicht in der Einleitung geschehen – idealerweise gelingt es dir, diese Information im Verlauf deiner Rede möglichst zwanglos unterzubringen, ohne dass dein Redefluss dadurch allzu sehr gestört wird.

Zuletzt wird von dir auch verlangt werden, die **wesentlichen Inhalte** des Ausgangstextes wiederzugeben.

Auch hier sollte das Ziel sein, die Informationen möglichst zwanglos und natürlich in die eigene Rede einzubauen.

Mögliche Varianten für eine Einleitung:

- Falls Sie der Verdacht beschleicht, dass Ihr Einkommen in den letzten Jahren zwar nicht deutlich gesunken, keineswegs aber gestiegen ist, dann sind Sie in guter Gesellschaft. Für 80% der ArbeitnehmerInnen trifft dieser Sachverhalt zu, wie auch der Artikel „Die Reichen werden immer reicher", der am 25. November 2021 in der „Presse" erschienen ist, klar macht. Die Schere zwischen Arm und Reich öffnet sich also weiter.
- Sind Sie für erneuerbare Energien? Befürworten Sie die Energiewende? Diese Fragen mit einem „Ja" zu beantworten, wird Ihnen nicht schwerfallen. Aber bei der Frage „Würden Sie einem Windpark hinter Ihrem Wochenendhaus zustimmen?" könnten sich die Geister schon scheiden. Über 75% der Befragten einer Studie mit dem Titel „Erneuerbare Energien 2022", deren Ergebnisse am 13. Jänner 2022 in den „Salzburger Nachrichten" veröffentlicht wurden, sprechen sich gegen Windparks in ihrer unmittelbaren Umgebung aus. Wie kommt man raus aus diesem Dilemma?

08 **Verwende die Textbruchstücke und formuliere jeweils eine passende Einleitung.** L

Artikel … Titel: *„Mehrheit für Umweltzone in Graz"* … Autor: Benedikt Maier … Erscheinungsdatum: 23. Dezember 2021 … Erscheinungsort: „Kleine Zeitung" … Thema: Mehrheit für Verkehrsbeschränkungen in der Grazer Innenstadt

---

Reportage … Titel: *„Auf dem Abstellgleis"* … Autorin: Beate Freisl … Erscheinungsdatum: 26. Jänner 2022 … Erscheinungsort: „Die Presse" … Thema: Vereinsamtes Leben im Altersheim

---

Interview … Titel: *„Der Jahrhunderttrend"* … Interviewer: Anna Schmidt und Paul Freysing … Interviewter: Johannes Hillinger … Erscheinungsdatum: 2. Jänner 2022 … Erscheinungsort: „Der Standard" … Thema: E-Sports als neuer Trend, der die Sportwelt verändern wird

---

Der Hauptteil

Im Hauptteil der Meinungsrede sollen passende Argumente genannt werden. Auch Gegenargumente, die dann entkräftet werden, können genannt werden. Achte auf eine gute sprachliche Verknüpfung der einzelnen Argumente und eine klare Ausdrucksweise. Vermeide zu lange und komplexe Satzkonstruktionen (hypotaktischer Stil), da diese es den Zuhörerinnen und Zuhörern erschweren, dir zu folgen. Formuliere vorwiegend im Aktiv.

Formulierungshilfen für Zustimmung/Bekräftigung:

- Ich bin davon überzeugt, dass …
- Ich kann nicht oft genug betonen, wie wichtig …
- Ich bin der Meinung, dass …
- Ich finde/denke, dass …
- Es ist mir ein großes Anliegen …

Formulierungshilfen für Ablehnung/Gegensatz:

- Ich kann mich der weit verbreiteten Meinung nicht anschließen, wonach …
- Es erscheint mir nicht nachvollziehbar, wenn immer wieder behauptet wird, dass …
- Ich muss allen widersprechen, die der Meinung sind, dass …
- Eine Haltung, wonach … ist/sein soll, kann ich nur einseitig/übertrieben/weltfremd nennen, da doch …

Formulierungshilfen, um Einwände vorwegzunehmen:

- Manche werden behaupten, dass …
- Mancher mag jetzt einwenden, dass …
- Mir ist bewusst, dass einige zu diesem Punkt eine andere Meinung haben, aber …
- Sie werden sich jetzt vielleicht fragen, ob/wann/wie …
- Viele werden lautstark einwenden, dass …, aber …

Formulierungshilfen, um das Publikum zu vereinnahmen:

- Sie wissen/kennen natürlich genau …
- Aus eigener Erfahrung ist Ihnen bewusst, dass …
- Sie sind selbst Expertinnen und Experten in diesem Bereich, da …
- Wir müssen uns alle zusammen …

Formulierungshilfen, um weitere Aspekte anzuschließen:

- Als weiteren Aspekt möchte ich … nennen/anführen/ansprechen …
- Außerdem gilt es zu bedenken/berücksichtigen, dass …
- Darüber hinaus erscheint mir bedeutsam …
- Von zentraler Bedeutung/Wichtigkeit finde ich außerdem …

In deiner Meinungsrede sollst du dein **Publikum** immer wieder **ansprechen** und einbinden. Das gelingt unter anderem durch den Einsatz geeigneter **rhetorischer Mittel**. Setze diese sprachlichen Mittel **bewusst** und **dosiert** ein.

Die Kenntnis von rhetorischen Mitteln (Stilfiguren) ist unverzichtbar, und zwar aus mindestens zwei Gründen:

- Sie helfen dir dabei, Texte, Autorinnen und Autoren, deren Intentionen und Schreibhaltungen (besser) zu verstehen. Bei der Textanalyse und der Textinterpretation ist es notwendig, auf diese sprachlichen Mittel explizit einzugehen und diese zu untersuchen.
- Bei einigen Textsorten (Kommentar, Leserbrief, Meinungsrede) sollst du selbst rhetorische Mittel einsetzen.

Weitere rhetorische Mittel findest du auch im Kapitel zur Textsorte › Kommentar S. 92‹

Rhetorische Mittel, Teil 1

Name	Definition	Beispiele
Alliteration	mehrere Wörter hintereinander beginnen mit dem gleichen Anfangslaut	Mars macht mobil bei Wind und Wetter
Anapher	Form der Wiederholung; ein Wort oder eine Wortgruppe wird am Beginn von aufeinanderfolgenden Sätzen wiederholt.	„Der Mohr hat seine Schuldigkeit getan, der Mohr kann gehen" (Schiller)
Antiklimax	Umkehrung der Klimax; meist dreigliedrig; stufenweise Reduktion des Gesagten	Es waren Könige, Edelleute und das gemeine Volk geladen.
Antithese	Zusammenstellung entgegengesetzter Begriffe	Gut und Böse

Assonanz		Ottos Mops trotzt (Jandl)
Euphemismus		Sie ist sanft entschlafen (also gestorben).
Hypotaxe		Sie wurde verhaftet, weil sie weder ein Alibi vorweisen konnte noch glaubhaft machen konnte, dass sie keinen finanziellen Gewinn aus seinem Tod haben würde.
Ironie		„Das war ja ein interessanter Vortrag!“ (allen ist klar, dass er langweilig war)
Klimax		„Er sei mein Freund, mein Engel, mein Gott!“ (Schiller)
Neologismus		unkaputtbar
Paradoxon		
Parallelismus	Wiederholung gleicher Satzstrukturen in aufeinanderfolgenden Sätzen	
Parataxe	Nebeneinanderstellen gleichberechtigter Hauptsätze; Hauptsatzreihe	Er stieg aus dem Auto und streckte sich. Dann zog er den Schlüssel ab, blickte auf und schleppte sich zur Zapfsäule.
Personifikation		Die Sonne lacht.

Aus: wortwuchs.net (Stand: 13.9.2023)

09 **Ergänze die Tabelle, indem du fehlende Definitionen und Beispiele einfügst. Du kannst die in der Quelle erwähnte Website verwenden.** L

Der Schluss

Deine Meinungsrede soll dein Publikum nicht nur von deinem Standpunkt überzeugen, sondern in der Regel auch zu einer Verhaltensänderung führen (vgl. › S. 71). Operator 3 wird von dir verlangen, Vorschläge zu machen und/oder an dein Publikum zu appellieren.

Formulierungshilfen für den Schlussteil:

- › Insgesamt kann ich also nur zu dem Schluss kommen, dass …
- › Aus diesem Grund/Daher/Aus den genannten Gründen finde/denke/meine ich …
- › Schlussendlich/Letztlich bin ich zu der Überzeugung gelangt …
- › Ich möchte daher an Sie appellieren/alle Verantwortlichen dazu auffordern, …
- › Gemeinsam können wir erreichen, dass …
- › Ich hoffe, dass ich mit meinen Vorschlägen zeigen konnte/Ihnen beweisen konnte …
- › Ich bin der festen Überzeugung, dass meine Vorschläge dazu beitragen könnten …
- › Ich hoffe, ich konnte Ihnen Mut machen …

Zuletzt solltest du dich bei deinem Publikum bedanken und verabschieden.

Formulierungshilfen zu Dank und Verabschiedung:

- › Ich bedanke mich für Ihre Aufmerksamkeit./Herzlichen Dank für Ihre Aufmerksamkeit.
- › Ich wünsche Ihnen noch einen schönen Tag/Nachmittag/Abend.

Mustertext uez270

Checkliste uez271

JETZT ICH: EINEN TEXT VERFASSEN

10 Bearbeite Schreibauftrag 1. L

Schreibauftrag 1

Smartphone-Nutzung bei Jugendlichen

Verfassen Sie eine Meinungsrede.

Situation: Sie nehmen an einem Redewettbewerb zum Thema *„Digitale Zukunft"* teil und halten vor Jugendlichen, Lehrerinnen und Lehrern und interessierten Eltern eine Rede. Als Grundlage ziehen Sie den Bericht *„Smartphone-Nutzung bei Jugendlichen: Ist mein Kind handysüchtig?"* heran.

Lesen Sie den Bericht *„Smartphone-Nutzung bei Jugendlichen: Ist mein Kind handysüchtig?"* von Franziska Zoidl aus der Online-Ausgabe der Tageszeitung „Der Standard" vom 29. Dezember 2021.

Verfassen Sie die **Meinungsrede** und bearbeiten Sie folgende Arbeitsaufträge:

- Fassen Sie zusammen, welche Faktoren die Handynutzung der Jugendlichen beeinflussen.
- Setzen Sie die dargestellten Zusammenhänge mit Ihrer eigenen Lebenswelt in Beziehung und erläutern Sie, inwiefern Sie selbst von der FOMO betroffen sind.
- Machen Sie Vorschläge zu einer sinnvollen Nutzung des Smartphones in der Familie.

Schreiben Sie zwischen 540 und 660 Wörter. Markieren Sie Absätze mittels Leerzeilen.

Psychische Gesundheit

Smartphone-Nutzung bei Jugendlichen: Ist mein Kind handysüchtig?

Shutterstock/BearFotos

Durch die Corona-Pandemie ist auch die Handynutzungszeit bei jungen Menschen gestiegen. Was ein Digital Detox der ganzen Familie bringen könnte

Piepiepiep: Schon bei jungen Menschen gilt der erste Blick nach dem Aufwachen ihrem Handy. Nach dem Ausschalten des Weckers werden noch im Halbschlaf Newsfeeds und Tiktok sowie Instagram gecheckt. Beim Zähneputzen spielt das Handy Musik ab, in der U-Bahn wird mittels Whatsapp noch die Mathe-Hausübung ausgetauscht.

Das Smartphone ist auch bei den Beratungsgesprächen der Wiener Psychologin Andrea Prettenhofer stets ein ganz großes Thema – nicht nur im Gespräch mit den Jugendlichen, sondern auch mit den Eltern. „Das Handy als Gerät ist großartig", sagt Prettenhofer trotzdem. Nachsatz: „Aber es kommt auf die Verwendung an." Problematische Mediennutzung beziehe sich nämlich nicht auf das Handy selbst, sondern auf die Inhalte, die damit konsumiert werden.

Immer erreichbar

Speziell bei älteren Jugendlichen gebe es hier durchaus schon ein Problembewusstsein. Die „fear of missing out", kurz: FOMO, wegen der nicht nur die Jungen quasi immer erreichbar sind, werde mittlerweile als ungesunder Stressor erkannt. Darauf wird mit dem Löschen bestimmter Apps reagiert.

Allerdings erlebt die Psychologin auch ungesunde Mediennutzung: Junge Frauen zum Beispiel, die zu viel Zeit auf Instagram verbringen, sich und ihren Körper ständig mit Influencerinnen vergleichen und dadurch ein ungesundes Körperbild entwickeln. Das Problem: Durch das schnelle Scrollen hätten sie wenig Zeit, das Gesehene gründlich zu verarbeiten – und sich zu überlegen, wie lange das Fotoshooting der Influencerin gedauert hat und wie stark das Bild bearbeitet wurde.

Mehr Handy im Lockdown

Die starke Handynutzung junger Menschen belegen auch Studien: Rund die Hälfte aller Schülerinnen und Schüler verbringen täglich fünf oder mehr Stunden an ihrem Smartphone. Das hat eine Studie der Donau-Uni Krems und Med-Uni Wien zur psychischen Gesundheit Jugendlicher vor einigen Monaten ergeben. Damit hat sich die Handynutzungszeit seit 2018 verdoppelt.

Paul Plener, Leiter der Universitätsklinik für Kinder- und Jugendpsychiatrie der Med-Uni Wien, betont aber, dass es in Zeiten von Lockdowns nachvollziehbar ist, dass die Handynutzung nach oben schnellt. Immerhin sind dann viele andere Freizeitmöglichkeiten – Sporteln im Verein etwa – nicht möglich: „Und die weiße Wand kann man auch nicht den ganzen Tag anschauen", sagt der Psychiater.

Auch Psychologin Prettenhofer betont, dass es gerade in stressigen Corona-Zeiten okay ist, die Kinder auch mal länger Youtube-Videos schauen zu lassen.

Eines ist ihr aber wichtig: Die Eltern müssen wissen, was die Kinder schauen, und sich mit den Inhalten auseinandersetzen.

Ist mein Kind handysüchtig?
Wenn das Kind nur am Bildschirm klebt, kommt aber oft ganz schnell die Frage, ob das Kind denn handysüchtig sei. Paul Plener betont dann, dass eine Sucht sich nicht über eine bestimmte Handynutzungszeit definiert. Kommt das Kind in der Schule klar, pflegt es in seiner Freizeit soziale Kontakte und hat mit familiären Verpflichtungen und Beziehungen kein Problem, dann seien auch fünf Stunden Handynutzung am Tag kein Indikator für eine Sucht.

Ein Hinweis auf eine Sucht wäre aber, wenn andere Bereiche des Alltags vernachlässigt werden, die Kontrolle über den Konsum verloren wird und man immer mehr Zeit am Handy braucht, um zufrieden zu sein.

Problematisch ist für Prettenhofer allerdings das ständige Multitasking: Der Fernseher läuft, nebenbei schreibt man auf Whatsapp und checkt seine E-Mails – „das stresst immens", sagt die Psychologin.

Studien fehlen
Aber hat die Nutzung des Handys Auswirkungen auf die psychische Gesundheit? Zwar wurden durch Studien beispielsweise Korrelationen von der Smartphone-Nutzung zu Depressionen aufgestellt, die Studienlage sei aber noch viel zu dünn, sagt Plener.

Was können Eltern also tun? „Ich empfehle immer eine strikte Kontrolle des eigenen Smartphone-Konsums", sagt Plener. „Eltern sollten selbstkritisch schauen, wo es in der Familie Smartphone-freie Zonen gibt." Eine solche Zone sollte beispielsweise das Bett, aber auch der Esstisch sein. Das gilt übrigens auch, wenn es sich nur um ein ganz kurzes Checken einer Nachricht handelt.

Denn auch der noch so kurze Blick auf den Bildschirm wird bemerkt: Laut Prettenhofer wünschen sich die meisten Kinder und Jugendlichen, dass ihre Freundinnen und Freunde und vor allem auch ihre Eltern weniger Zeit am Handy verbringen und ihnen gegenüber aufmerksamer sind.

Detox-Challenge
Kindern, die nur am Handy kleben, ihr Gerät einfach wegzunehmen, ohne eine Alternative anzubieten, ist laut Prettenhofer nicht ratsam. Wichtig sei vielmehr, die Stärken der Kinder in ihrer Online-Welt zu erkennen – und diese in die Offline-Welt zu holen. Etwa indem die Bauwerke aus dem Computerspiel „Minecraft" aus Lego nachgebaut werden. Ein spannendes Experiment kann auch eine Digital-Detox-Challenge für die Familie sein, in der man einen Tag oder – für den Anfang – auch nur einen Abend lang ohne Handy auskommt.

Einen Rat gibt die Psychologin den Eltern, die bei ihr Rat suchen, immer mit: „Lassen Sie sich bitte ein auf die unterschiedlichen virtuellen Realitäten Ihrer Kinder, Sie entdecken dadurch vollkommen neue, großartige Seiten bei ihnen, die Sie so noch nicht kannten."

Zoidl, Franziska: Smartphone-Nutzung bei Jugendlichen: Ist mein Kind handysüchtig? In: derstandard.at, 29.12.2021

FEINSCHLIFF: EINEN TEXT ÜBERARBEITEN

Ausgangstext Meinungsrede uez292

11 **Lies die folgende Meinungsrede eines 17-jährigen Schülers einer Wiener AHS. Die Aufgabenstellung sowie den Ausgangstext findest du im Arbeitsblatt.** **L**

Sehr geehrte Klassenkolleginnen und Klassenkollegen!

Habt ihr schon mal eine Rede von US-Präsident Donald Trump gehört? Gut, dann solltet ihr mit diesem Thema schon vertraut sein! Es handelt sich um die sogenannten „alternativen Fakten", welche Unwahrheiten wohl nicht richtiger verschleiern könnten. Allerdings ist dieser Trend nicht nur in den Vereinigten Staaten zu finden, wie in dem Bericht „Weil es keine Alternative zu Fakten gibt", verfasst von Saskia Gerhard und erschienen am 22. April 2017 in der Online-Ausgabe der Wochenzeitung „Die Zeit", beschrieben wird.

Alle, denen dieses Konzept noch unbekannt ist, sollen jedoch nicht verzagen, denn die Aufklärung darüber wird euch nicht länger vorenthalten. Alternative Fakten sind Aussagen, die nicht der Wahrheit entsprechen oder, wie die Wissenschaftler des „March of Science" sagen würden: „Es gibt keine Alternative zu Fakten." Sie sind also überprüfbar und stellen sich als wahr heraus - alles andere wäre eine Falschaussage. Das Problem allerdings ist, dass Behauptungen oftmals auf etlichen emotionalen Ebenen präsentiert werden, aber nie auf den Boden der Tatsachen gelangen. Anders formuliert: Aussagen werden subjektiv dargestellt, Aussagen werden zunehmend unsachlich, Ausagen werden falsch. Die Jnformationen, welche möglicherweise einen wahren Kern haben, werden schlichtweg so oft gedreht und gewendet, bis sie zum eigenen Vorteil genutzt werden können. Vor allem in der Politik und Berichterstattung ist das höchst problematisch. Warum? Nun, denkt nur einmal an den inszenierten Überfall auf den Sender Gleiwitz und die darauffolgenden Jahre und ihr wisst, wohin Desinformation führen kann. Und wirklich niemand will das!

Der Satz: „Es wird niemals so viel gelogen wie vor der Wahl, während des Krieges und nach der Jagd", welcher Bismarck zugeschrieben wird, wird nicht ohne Grund immer öfter zitiert. Es war und ist leider schon immer Realiät gewesen, dass alternative Fakten vor allem in wichtigen Angelegenheiten in der Öffentlichkeit verbreitet werden. Es überschwemmt uns ein Meer aus Falschheit. Dabei benötigen wir doch Tatsachen, wahre Tatsachen! Jn den letzten Jahren allerding - vor allem dank dem Spitzenreiter der Unwahrheiten, Donald Trump - entsteht ein zunehmendes Misstrauen. Und das ist gut so.

Aber durch was zeichnet sich ein verantwortungsvoller Umgang mit Jnformationen nun eigenlich aus? Zum einen muss ein sachliche Darstellung der Fakten vorliegen - Entschuldigung, verehrte Meinung, aber für dich ist hier kein Platz mehr. Des Weiteren ist auch die Vollkommenheit der Jnformation sehr wichtig, denn wenn nur ein Teil der eigentlichen Jnformation vermittelt wird, kann dies - beachsichtigt oder nicht - zu Missinterpretationen und Missverständnissen führen. Mindestens genauso wichtig ist kritisches Denken. Es ist genaugenommen nicht nur wichtig, es ist auch erforderlich. Nicht alles für bare Münze zu nehmen und auch zu versuchen, die Fakten - vor allem bei relevanten Themen - selbst zu überprüfen, ist durchaus angebracht nein, durchaus erforderlich. Wir müssen also ganz nach dem Motto: „Vertrauen ist gut, Kontrolle ist besser" vorgehen! Somit liegt des Rätsels Lösung doch eigentlich auf der Hand.

Wir benötigen unabhängige Medien für eine eigenständige, nicht beeinflusste Berichterstattung nationaler sowie internationaler Geschehnisse und Entwicklungen. Jmmerhin beeinflusst diese ja auch alle unsere Entscheidungen, die wir jeden Tag treffen. Zudem sollte sie für uns genauso wichtig sein wie die Luft zum Atmen - in anderen Worten - lebenswichtig.

Jch appelliere nun an euch - liebe Mitschülerinnen und Mitschüler - auch zu protestieren! Vereinen wir uns also gegen die Falschaussagen, Unwahrheiten und Lügen, welche uns als „alternative Fakten" verkauft werden und stehen wir für den richtigen Umgang mit Jnformation ein! Lassen wir uns nicht länger mit Halbwahrheiten, faktisch falschen Fakten und Fake-News abspeisen, sondern lasst uns handeln! Die Öffentlichkeit muss über die Problematik aufgeklärt werden, doch viel wichtiger: Lasst uns den Medien und der Politik entgegenschreien: „Wir wollen keine alternativen Fakten! Wir wollen die Wahrheit!"

Alex S., 599 Wörter

12 **Recherchiere im Netz, seit wann es den „March for Science" gibt und wo er stattfindet.** **L**

13 **Arbeite mit einer Mitschülerin / einem Mitschüler. Bessert die Verstöße gegen die Regeln der Rechtschreibung, Grammatik und Zeichensetzung in der Meinungsrede aus. Markiert auch Formulierungen, die ihr weniger geglückt findet.** **L**

14 **Diskutiert die folgenden Punkte und macht euch für eine spätere Diskussion in der Klasse Notizen:** **L**

› Wendet sich der Verfasser in der Einleitung direkt an sein Publikum?

› Wurden Autor, Titel, Erscheinungsdatum und Erscheinungsort des Ausgangstextes genannt?

› Ist eine Bezugnahme auf den Ausgangstext erkennbar? Ist der Redeanlass erkennbar? Inwiefern?

› Ist in der Meinungsrede ein eigener Standpunkt erkennbar? Ist dieser ausreichend mit Argumenten belegt?

› Welche rhetorischen Mittel setzt der Schüler ein? Markiert diese im Text. Welche weiteren rhetorischen Mittel könnte man einsetzen, um die Meinungsrede noch zu verbessern? Macht drei Vorschläge.

› Ist die Meinungsrede eher sachlich oder eher emotional?

› Seid ihr mit der Gliederung der Meinungsrede einverstanden?

› Sind einzelne Aspekte sprachlich gut miteinander verknüpft?

› Ist der Appell gelungen? Ist eine konkrete und klare Handlungsanweisung formuliert worden?

15 **Schreibt eine kurze Stellungnahme (in Stichpunkten) als Rückmeldung für den Schüler. Listet auf, worauf er bei der Überarbeitung seines Textes achten soll. Bewertet anschließend seine Meinungsrede mithilfe des Beurteilungsrasters auf** **› S. 14 und › S. 146.** **L**

ZUM SCHLUSS: ANTWORTEN ZU DEN FAQS

16 **Lies noch einmal die Fragen, die Jugendliche zur Textsorte Meinungsrede** **› S. 70** **gestellt haben. Welche davon sind für dich noch offen? Antworten findest du hier:**

L

An wen richte ich meine Meinungsrede?

In der Angabe wird genau geklärt, vor wem du deine Rede hältst. In deinem Publikum werden vermutlich erwachsene Personen und Jugendliche sitzen, die mit dem Thema schon etwas vertraut sind.

Was ist der Unterschied zwischen einer Erörterung und einer Meinungsrede?

- Anrede und Verabschiedung gibt es nur bei der Meinungsrede.
- Eine (dialektische) Erörterung behandelt Pro- und Kontra-Standpunkte gleichwertig und beleuchtet ein strittiges Thema von mehreren Seiten, bei einer Meinungsrede fokussiert man sich auf einen (seinen eigenen) Standpunkt und muss keine Gegenargumente nennen.
- Eine Meinungsrede setzt bewusst rhetorische Mittel ein, um die Zuhörer zu beeinflussen und von der eigenen Meinung zu überzeugen. Bei der Erörterung steht die sachlich-nüchterne Auseinandersetzung mit einem strittigen Thema im Fokus des Textes.

Was mache ich, wenn ich vom Thema keine Ahnung habe?

Wenn du die Meinungsrede als Hausübung verfassen sollst, dann hilft eine Recherche im Netz (z. B. im Archiv von Tageszeitungen), um sich mit dem Thema vertraut zu machen. Ansonsten ist das Zeitunglesen (digital oder auf Papier) zu empfehlen, um über aktuelle Debatten auf dem Laufenden zu bleiben.

Was sind häufige Fehler, auf die ich besonders achten soll?

Häufig gemachte Fehler sind: Die Schreiberin/Der Schreiber …

- beachtet nicht alle Operatoren.
- geht zu wenig auf den Ausgangstext ein.
- löst sich zu wenig vom Ausgangstext, sodass ein Großteil der Meinungsrede eine Zusammenfassung der Vorlage darstellt.
- übernimmt ganze Textpassagen und bringt keine eigenen Aspekte in die Diskussion ein.
- wendet sich zu wenig an ihr/sein Publikum und bezieht es zu wenig in die eigenen Ausführungen ein.
- bleibt zu sachlich-erörternd.
- überfrachtet seinen Text mit rhetorischen Mitteln auf Kosten des Inhalts und der Argumentation.
- vergisst auf Begrüßung/Anrede bzw. abschließende Worte.

DEIN SENF DAZU?

Der Kommentar

Darf ich in meinem Kommentar auch so richtig austeilen?

Was mache ich, wenn mir keine Argumente einfallen?

Muss in einem Kommentar überhaupt eine eindeutige Meinung präsentiert werden?

Ist der Kommentar eine schwierige Textsorte?

Was sind häufige Fehler, auf die ich besonders achten soll?

01 **Ergänze selbst weitere Fragen, die du zu dieser Textsorte hast. Schreibe in die leeren Sprechblasen.** L

GRUNDLEGENDES: DIE TEXTSORTE KENNENLERNEN

Erklärvideo Kommentar uez 272

Was ist das Besondere an einem Kommentar?	Ein **Kommentar** … › ist eine journalistische Textsorte. › nimmt **Bezug auf** ein **Thema**, das **in** der **Gesellschaft** aktuell diskutiert wird. › vertritt **zu** einem **strittigen Thema** eine **klare Meinung** und möchte auch seine **Leserinnen und Leser von** dieser **Meinung überzeugen**. › ist eine **argumentative Textsorte**, die im **Präsens** verfasst wird. › arbeitet häufig mit unpersönlichen Wendungen und stellt eine Argumentationslinie damit als **allgemeingültig** dar. › setzt bewusst **rhetorische Mittel** ein. › kann ironisch, kritisch, ablehnend, zustimmend sein. › kann insgesamt emotional oder eher sachlich sein. › ist in sich schlüssig. › soll eine **treffende Überschrift** haben.
Für wen schreibe ich den Kommentar?	Die Matura-Angabe (mit Ausnahme des literarischen Themas), aber auch die Schularbeitsangaben in der Oberstufe, geben Auskunft über die **Situation**, in der der Text entstehen soll. Häufig geht es darum, für ein bestimmtes **Forum** (z. B. den Schulgemeinschaftsausschuss, Schreibwettbewerb, Workshop) oder ein bestimmtes **Medium** (Schülerzeitung, Schwerpunktausgabe einer Tageszeitung oder Zeitschrift, Online-Plattform …) einen **meinungsbetonten Text** zu verfassen. Die Leserinnen und Leser sollen angeregt werden, sich zum Thema eine Meinung zu bilden oder einen Standpunkt zu überdenken, gegebenenfalls auch zu präzisieren. Ob du zum vorgegebenen Thema eine zustimmende oder ablehnende Schreibhaltung einnimmst, ist dir dabei in aller Regel selbst überlassen.
Welche Texte dienen als Ausgangstext?	Die Ausgangstexte können sehr unterschiedlich sein: Häufig sind es **journalistische Texte**, also z. B. **Reportagen** oder **Interviews**. Sie liefern üblicherweise schon mehrere Argumente. Es liegt an dir, diese Argumente noch zu erweitern und das Thema mit eigenen Argumenten und Gegenargumenten zu vertiefen. Auch **nichtlineare Texte** (Schaubilder, Diagramme, Grafiken) können Impuls für deinen Kommentar sein.
Wie lang soll der Kommentar werden?	Der Kommentar ist eine Textsorte, die **unterschiedlich lang** sein kann. Es kann also passieren, dass du bei der schriftlichen Reifeprüfung einen kurzen **(270 bis 330 Wörter) oder** einen mittellangen Kommentar **(405 bis 495 Wörter**) schreiben musst.
Wie ist ein Kommentar aufgebaut?	› **Einleitung** mit allen Basisinformationen (oft als **Basissatz** bezeichnet) und **Thema** des Ausgangstextes; diese Basisinformation kann auch im Hauptteil genannt werden › **Hauptteil** – eigener Standpunkt, unterstützt durch Argumente und geeignete Beispiele › **Schluss** – Schlussfolgerung, Fazit, Appell o. ä.; ein deutlich abgesetzter Schluss kann auch entfallen

DARUM GEHT'S: DIE ANGABE VERSTEHEN

Die Operatoren, die du häufig in Schreibaufträgen für einen Kommentar findest, stammen aus allen drei Anforderungsbereichen, z. B.

- Benennen Sie ... (Anforderungsbereich 1: Reproduktion)
- Untersuchen Sie ... (Anforderungsbereich 2: Reorganisation und Transfer)
- Appellieren Sie ... (Anforderungsbereich 3: Reflexion und Problemlösung)

Pro Schreibauftrag musst du mit drei bis vier Arbeitsaufträgen rechnen, das entspricht also drei bis vier Operatoren, die bearbeitet werden müssen.

02 **Untersuche den Schreibauftrag in diesem Kapitel** (› S. 97). **Unterstreiche darin die Operatoren.** **L**

› Ordne sie auch dem jeweiligen Anforderungsbereich (vgl. › Einleitung S. 12f. ‹) zu. Vergleiche sie mit den oben genannten Operatoren. Was kannst du feststellen? Notiere deine Erkenntnisse.

HIN ZUM EIGENEN TEXT: VERSTEHEN UND PLANEN

Wie man einen Ausgangstext erschließen kann, erfährst du u.a. im Kapitel › Zusammenfassung S. 18f. ‹). Da der Kommentar zu den argumentativ-appellativen Textsorten gehört, soll der Fokus in diesem Kapitel auf dem Aspekt Argumentieren liegen.

Argumentieren bedeutet, Behauptungen (Thesen, Aussagen, Meinungen) und Forderungen zu einem strittigen Thema aufzustellen und diese zu begründen. Eine vollständige Argumentationskette besteht aus einer **B**ehauptung, einer **B**egründung und einem **B**eleg. Man spricht daher auch von der **3B-Regel** (vgl. › Erörterung S. 59 ‹).

Wichtig ist es, bei argumentativen Texten (Kommentar, Erörterung, Leserbrief, Meinungsrede) auf eine gute Begründung der einzelnen Behauptungen zu achten. Diese Begründungen stellen das eigentliche Argument dar. Dabei unterscheidet man verschiedene **Arten von Argumenten**:

Argument	Erklärung	Beispiel
Faktenargument	Die These/Behauptung wird durch eine überprüfbare und belegbare Tatsachenaussage gestützt.	Das allgemeine Wahlrecht für Frauen wurde in Österreich 1919 eingeführt.
Wertargument/ Normatives Argument	Die These wird durch allgemein akzeptierte und verbreitete Wertmaßstäbe (Normen) gestützt.	Eine Änderung unseres Verhaltens ist schon alleine aus Gründen des Respekts vor der Natur nötig.

KOMMENTAR

Autoritätsargument	Die These wird durch Aussagen von (bekannten) ExpertInnen oder durch Stellungnahmen anerkannter Organisationen gestützt.	Der Weltklimarat IPCC geht von einer weiteren Erwärmung um 3°C aus, wenn keine Maßnahmen gesetzt werden.
Indirektes Argument	Die eigene These wird gestützt, indem die argumentative Position der Gegenseite angegriffen wird.	Dass ehrenamtliche Tätigkeiten keine Zeitverschwendung sind, beweist der Umstand, dass Menschen, die solche Tätigkeiten ausüben, in der Regel zufriedener mit ihrem Leben sind.
Plausibilitätsargument	Die These/Behauptung wird dadurch begründet, dass sie für die Leserin/den Leser besonders nachvollziehbar erscheint, weil sie den allgemeinen Erfahrungen (dem „Hausverstand") entspricht.	Ein einzelner Umweltschützer, auch wenn er noch so engagiert ist, kann den Konzernen nicht vorschreiben, wie sie mit ihren Emissionen umgehen sollen. Daher braucht es staatliche Maßnahmen.
Analogieargument	Das aktuelle Thema wird mit einem anderen Bereich durch einen Vergleich in Verbindung gebracht.	Das Recht auf freie Meinungsäußerung ist ein unveräußerliches Menschenrecht, genauso wie das Recht auf Bildung.

Ein Beleg dient der Unterstützung eines vorgebrachten Arguments. Als Beleg kann ein geeignetes Beispiel (auch aus eigenen Erfahrungen) dienen, aber auch Zahlen, statistische Werte und Ergebnisse von Studien eignen sich als Beleg.

Nicht immer ist es notwendig und sinnvoll, vollständige **Argumentationsketten** aus Behauptung, Begründung und Beleg zu konstruieren. Belege lassen sich nicht immer finden, einzelne Beispiele sind auch nicht immer aussagekräftig oder repräsentativ. Wichtig ist es allerdings, eigene Aussagen und Behauptungen mit geeigneten Argumenten zu begründen.

03 **Lies den folgenden Kommentar (Text 1) aufmerksam. Streiche zentrale Aussagen an. Ignoriere vorerst die Kästchen in der Randspalte, dazu gibt es später noch Arbeitsaufträge.** **L**

Text 1

Stefan Frankenberger

Wieso wir Metropa brauchen

In Wien in die Superschnellbahn ein- und in Bilbao aussteigen? Bahnschienen statt Autobahnen? Ja, warum nicht!
9. Dezember 2021

stock.adobe.com/Denis Maniin

Wir sollten Verkehrspolitik radikal neu denken. Das beginnt mit einer Utopie. Ein Gastkommentar als Denkanstoß zur Mobilitätsdebatte von Musiker und Produzent Stefan Frankenberger. […]

Die Zeichen in Europa stehen auf Veränderung. Im Zuge von Digitalisierung und Dekarbonisierung neigt sich eine weitere alte Zeit dem Ende zu – politisch, wirtschaftlich, gesellschaftlich. Wir stehen an Abgründen und Steilwänden. Beides kann erhebend sein.

Die Klimakonferenz in Glasgow, das österreichische Klimaticket und der Stopp des Lobautunnels in Wien sind strahlkräftige Hoffnungsschimmer. Ihr gemeinsamer Tenor ist die Notwendigkeit einer radikal neuen Verkehrspolitik. Das zentrale Werkzeug dafür ist die Bahn. Das heißt für Europa: Wir brauchen die Neuorganisation des europäischen Bahnverkehrs – und das Projekt Metropa kann dafür ein Denkanstoß sein.

These: die Bahn steht im Zentrum einer radikal neuen Verkehrspolitik

Argument: deren Zeit ist gekommen

Forderung: der europäische Bahnverkehr muss neu organisiert werden

Unveräußerliches Menschenrecht

In der modernen Welt ist Mobilität ein unveräußerliches Menschenrecht. Sie ist zugleich der Weg in eine moderne Verkehrs- und Klimapolitik und der Schlüssel zu einer echten europäischen Integration, die europäische Werte mit einem klar erkennbaren Nutzen verbindet. Europa als zusammenhängender Kultur- und Wirtschaftsraum hat nun die Chance und Pflicht, diese Mobilität sozial gerecht umzusetzen.

Wir brauchen daher ein hochfrequentes, flächendeckendes Superschnellbahnnetz, das alle Europäerinnen und Europäer miteinander verbindet, und das kostenfrei – in Anlehnung an die ersten zaghaften Versuche zum Beispiel in Luxemburg, wo man für die öffentlichen Verkehrsmittel kein Ticket mehr braucht. An die Stelle der – größtenteils willkürlich gezogenen – Grenzlinien treten nach und nach Verbindungslinien.

These: (freie) Mobilität ist ein Menschenrecht (apodiktische Behauptung)

These: Mobilität ist ein Weg in eine moderne Verkehrs- und Klimapolitik und fördert die Integration

Argument: Diese Idee hat einen klar erkennbaren Nutzen und entspricht europäischen Werten

Forderung: Europa hat die Pflicht, eine freie Mobilität – sozial gerecht – zu ermöglichen

veritas.at/code

Sie bilden das Aderwerk eines Organismus, der zum jetzigen Zeitpunkt leider nicht über eine gemeinsame Währung und Wirtschaftspolitik hinauskommt: Es gibt keine Verfassung, stattdessen eine komplizierte Bürokratie, und es gibt keine einenden Bilder, die es den Bürgerinnen und Bürgern dieses Kontinents leichter machen würden, sich als Teil davon zu betrachten.

Forderung: ein neues und kostenfreies Superschnellbahnnetz soll entstehen

Argument:

Gemeinsames Netz

Der Weg in die grenzenlose „Europäische Republik", in der Austausch, Handel, Klimaneutralität, Mobilität und soziale Gerechtigkeit gewährleistet sind, führt über ein gemeinsames Netz, das allen dient. Keine Frage, dies ist alles noch weit entfernt. Eine Utopie. Aber viele Menschen verstehen diesen Gedanken schon jetzt und warten sehnlichst auf Taten. Sie sind bereit, ihr Verhalten zu ändern und das auch von anderen einzufordern. Auch Konzerne und Regierungen beginnen umzudenken. Es geht in langsamen Schritten voran.

These:

Um dem großen Ziel näherzukommen und uns zugleich von seiner Größe nicht abschrecken zu lassen, sollten wir uns Etappenziele setzen. Mit dem Metropa-Plan vor Augen könnten wir die aktuelle Aufbruchsstimmung nutzen und die Idee auf das existierende Bahnnetz anwenden. Dies könnte man zunächst im Nachtzugbetrieb, der ohnehin gerade ein Revival erlebt, mit niedriger Zugdichte ausprobieren. In einem weiteren Schritt könnte der Betrieb auf die Tageszeiten ausgedehnt werden, in immer kürzer werdenden Takten – bei gleichzeitig sinkenden Preisen –, bis zur Maximalfrequenz von einer halben Stunde an jedem Metropa-Bahnhof.

Hindernisse überwinden

Nationale Zugbetreiber sollen sich endlich auf Abstimmung und technische Vereinheitlichung verständigen, um die bestehenden Hindernisse, wie zum Beispiel unterschiedliche Spurweiten, Betriebsspannungen und nationale Befindlichkeiten, zu überwinden.

In dieser langen Zeit der Vorbereitung werden die Möglichkeiten zu einer Superschnellbahn mit mehr als 300 km/h auf gesamteuropäischer Basis evaluiert. Es müssen Konsortien auf technisch-wissenschaftlicher, wirtschaftlicher und politischer Ebene geschaffen werden. Die Trassen werden über die Autobahnen geplant, die dann in der Zukunft niemand mehr brauchen wird. „Regionalflughäfen" werden rückgebaut und als Ressourcen in das neue Netz integriert. Es entstehen zahllose Arbeitsplätze, Innovation, ganze Wirtschaftszweige. Ihr Ziel ist der Bau eines Weltwunders.

Forderung: Zugbetreiber sollen sich um die Beseitigung von Hindernissen bemühen

Forderung: Konsortien müssen geschaffen werden, die die Planung und Umsetzung übernehmen

These: im Zuge der Umsetzung entstehen zahllose neue Arbeitsplätze

Argument:

KOMMENTAR

Radikale Lösungen

Apropos Autobahnen: Die Elektrifizierung des (automobilen) Individualverkehrs, wie aktuell sowohl von Wirtschaftstreibenden, Politikerinnen und Politikern propagiert, halte ich für einen unnötigen und sogar gefährlichen Zwischenschritt. Damit werden weder Energie- noch Klima- und schon gar keine Platzprobleme gelöst. Dies gelingt nur dem tatsächlich öffentlichen Verkehr. Der Wechsel von benzin- oder dieselbetriebenen zu E-Fahrzeugen ist nur im Kontext von öffentlichem Verkehr sinnvoll, zum Beispiel als selbstfahrende kommunale Taxis.

Die Idee der Nation, wie wir sie kannten, wird somit peu à peu und klimaneutral in eine neue Idee überführt. Europa ist eine Stadt, und Metropa ihr öffentlicher Nahverkehr. Der europäische Pass ist seine Jahreskarte, und umgekehrt. Metropa wird über Steuermittel finanziert, alles andere wäre unsozial und unmoralisch.

Herausforderungen der Zukunft

Und all jene, die jetzt daran zweifeln, haben die Herausforderungen der Zukunft und ebenso die europäische Idee nicht erfasst. Wir können Mobilität, soziale Gerechtigkeit und europäische Integration zu einer Idee verschmelzen. Darum geht es bei Metropa. Denn wer die Entwicklungen der Gegenwart ernst nimmt, muss sich mit radikalen Lösungen vor allem im Verkehrssektor auseinandersetzen. Schaffen wir ein Klimaticket für den ganzen Kontinent!

Frankenberger, Stefan: Wieso wir Metropa brauchen. In: derstandard.at, 9.12.2021

These: Manche zweifeln

Argument: Zweifler haben Herausforderungen, aber auch die Chancen dieses Projekts nicht erfasst

INFOBOX

Stefan Frankenberger: Musiker und Produzent in Wien; rief 2008 das Kunstprojekt Metropa ins Leben

(die) Dekarbonisierung: Verminderung von kohlenstoffhaltigen Emissionen, z. B. durch Verzicht auf oder Einschränkung der Nutzung von fossilen Brennstoffen

(die) Spurweite: Abstand zwischen den Schienen; die häufigste Spurweite in Europa ist 143,5 cm, in Europa kommen aber z. T. auch andere Spurweiten zum Einsatz

evaluieren: bewerten, fachgerecht beurteilen

(das) Konsortium: vorübergehender Zusammenschluss von Unternehmen und Banken, um ein gemeinsames Projekt zu realisieren

peu à peu: französisch: allmählich, langsam, nach und nach

04 **Ist das überhaupt ein Kommentar? Lies dir die Kennzeichen eines Kommentars (Tabelle auf › S. 85) noch einmal durch und erkläre in mindestens fünf Punkten, warum der Text ein Kommentar ist.** L

05 **Arbeite mit einer Mitschülerin oder einem Mitschüler zusammen. Der Kommentar verzichtet nicht gänzlich auf die Ich- oder Wir-Perspektive. Gelegentlich kommen die Pronomen „ich" und „wir" vor. An anderen Stellen werden unpersönliche Formulierungen verwendet (› siehe Punkt „Vermeidung der Ich- und Wir-Perspektive", › S. 96). Findet für beide Varianten Beispiele und markiert diese im Text.** L

06 **Der Kommentar beinhaltet eine größere Zahl von Thesen und Forderungen, die meist durch Argumente gestützt werden. Einige dieser Thesen und Forderungen sind in der Randspalte zusammengefasst. Arbeite dich durch den Rest des Kommentars und notiere weitere Thesen, Forderungen und Argumente, die der Autor aufstellt. Vergleiche anschließend mit einer Mitschülerin / einem Mitschüler.** L

07 **Mit welcher Art von Argumenten operiert der Autor hauptsächlich? Vergleicht mit der Tabelle auf › S. 86f.** L

08 **Arbeite mit einer Mitschülerin / einem Mitschüler zusammen. Diskutiert die beiden folgenden Fragen und macht euch Notizen für eine spätere Diskussion im Plenum:** L

a. Welche weiteren Argumente für eine gesamteuropäische Schnellbahnverbindung fallen euch ein?

b. Welche Gegenargumente könnte man anführen? Denkt dabei an alle vom Projekt unmittelbar Betroffenen (Bahnbetreiber, Verkehrsplaner, Autobauer, Steuerzahler, Baufirmen, Klimaaktivisten und Umweltschützer, Politiker in den Nationalstaaten …).

SPRACHLICHE MITTEL: DIE RICHTIGEN WORTE FINDEN

Allgemeines:

Im Kommentar solltest du die Ich- bzw. Wir-Perspektive vermeiden. Unpersönliche Formulierungen (man, es, Passivkonstruktionen, Infinitive) können das Dargestellte allgemeingültig erscheinen lassen. Die Leserinnen und Leser werden in der Regel nicht direkt angesprochen, sie sollen auf subtilere Art als durch direkte Ansprache beeinflusst werden, etwa durch geeignete Stilmittel, die du im Kommentar verwenden sollst. Dazu gehören Ellipsen (Kurzsätze), Parenthesen, aber auch verschiedene Verknüpfungsmittel (› S. 95). Auch durch ironische Zuspitzung kannst du Einfluss auf deine Leserinnen und Leser nehmen.

Rhetorische Mittel

Einige rhetorische Mittel hast du schon im Kapitel › Meinungsrede S. 76f. ‹ kennengelernt. Die folgende Tabelle enthält weitere rhetorische Mittel, die du kennen solltest.

Rhetorische Mittel, Teil 2

Name	Definition	Beispiele	Beispiel in Text 1
Rhetorische Frage	(Schein)frage, die keine Antwort verlangt bzw. auf die man keine Antwort erwartet	Sehe ich aus, als wäre ich dein Diener?	
Trikolon		Ich kam, ich sah, ich siegte!	
Metapher	sprachliches Bild; Verbindung von zwei Bereichen, die eigentlich nichts miteinander zu tun haben	jemandem das Herz brechen	
Hyperbel	Übertreibung	Ich habe sie eine Million Mal gefragt.	
Einschub (Parenthese)		Er hatte sich – keiner konnte sich erklären, warum – ein Motorrad gekauft.	
apodiktische Aussage		Daran kann niemand zweifeln!	
Aufzählung (Enumeratio)		Morgen esse ich Eier, Wurst und Käse.	
Ellipse		Ende gut, alles gut.	
Correctio		Du siehst gut, ja sehr gut, aus.	
Vergleich		stark wie ein Löwe	

Aus: wortwuchs.net (Stand: 13.9.2023)

09 **Ergänze die Tabelle, indem du fehlende Definitionen und Beispiele einfügst. Du kannst die in der Quelle erwähnte Website verwenden.** L

10 **Arbeite mit einer Mitschülerin oder einem Mitschüler. Der Text „Wieso wir Metropa brauchen“ (› S. 87) enthält jedes der aufgelisteten Stilmittel mindestens ein Mal. Streicht diese im Text an. Haltet die Zeilenzahl, in der das jeweilige Stilmittel vorkommt, in der letzten Spalte der Tabelle fest.** L

Die Einleitung

In den Arbeitsaufträgen für den Kommentar wirst du aufgefordert, auf einen Ausgangstext Bezug zu nehmen. Üblicherweise sollst du auch zentrale Aussagen und Ideen der Vorlage kurz zusammenfassen. Günstig ist es, schon in der Einleitung auf den Ausgangstext einzugehen. Um eindeutig auf einen Ausgangstext zu verweisen, sind die folgenden Angaben nötig:

- Titel und Autorin/Autor des Ausgangstextes
- Textsorte (Reportage, Zeitungsbericht, Interview …)
- Erscheinungsort (Angabe des Mediums)
- Erscheinungsdatum

Für deine eigene Einleitung stehen dir verschiedene Möglichkeiten zur Verfügung:

1. Direkter / Unvermittelter Einstieg:

- Seit langem weiß man: Österreich braucht einen neuen Umgang mit dem Thema Sterbehilfe. Auch Manuela Musterfrau hat die Zeichen der Zeit erkannt. In ihrer Reportage „Pflege – Mangel", erschienen am 3.12.2021 in der „Presse" macht sie deutlich, wie …
- Montags in der Ambulanz. Heute wieder vier Krankmeldungen. Die Gesichter der anwesenden PflegerInnen grau und erschöpft: Der Pflegenotstand hat die Krankenhäuser erreicht.

2. Paradoxer / Überraschender Einstieg:

- Jetzt haben wir den Salat. Schon wieder, seufzen die einen, endlich, stöhnen die anderen. Die Rede ist – Sie ahnen es – von der erneuten Regierungsumbildung am vergangenen Wochenende. Dass sie unvermeidlich war, wusste (Name) in ihrer lesenswerten Analyse „Angezählt!", die am 29.01.2022 im „Standard" erschienen ist, schon vorletzte Woche zu berichten. Doch was ist seither passiert?
- Lesen Sie nicht weiter. Dieser Text könnte ihre Meinung zu … ändern
- Wann haben Sie zum letzen Mal geweint? Und warum?

3. Konventionell:

- Dass die steigende Zahl von Dopingfällen die Verantwortlichen zunehmend beunruhigt, ist allgemein bekannt. Auch im Interview (Titel), das (Autorin/Autor) mit (Interviewpartnerin/-partner) geführt hat und das am (Datum) in (Name des Mediums) erschienen ist, kommt das deutlich zum Ausdruck … .

Fazit: Es gibt viele Möglichkeiten, in einen Kommentar einzusteigen. Wenn du unsicher oder ungeübt bist und auf Nummer sicher gehen willst, dann wähle einen konventionellen Einstieg. Vor allem in der Übungsphase gilt aber die Empfehlung: Trau dich. Gerade ein Kommentar bietet die Möglichkeit, sprachlich etwas zu riskieren und kreativ zu sein. Ähnliches gilt für die Art und Weise, wie du auf den Ausgangstext eingehst. Dass du auf den Ausgangstext eingehen musst, das steht fest (Operator) – üblicherweise hast du mit einem Operator in der Art von

- Fassen Sie die zentralen Aussagen des Ausgangstextes/Interviews/Berichts kurz zusammen.

zu rechnen. Auf der sicheren Seite bist du, wenn du den Ausgangstext (wie oben angeführt) in der Einleitung zusammenfasst. Es spricht aber auch nichts dagegen, im Verlauf deines Kommentars (also im Hauptteil) immer wieder auf den Ausgangstext zurückzukommen. Sprachlich ist das eine größere Herausforderung, das Ergebnis kann aber ein besserer Kommentar sein.

11 Arbeite mit einer Mitschülerin / einem Mitschüler zusammen. Lest gemeinsam die Beispiele für Einleitungen. Diskutiert die folgenden Fragen: L

a. Welcher Kategorie (1-3) würdet ihr die Beispiele jeweils zuordnen?

b. Wird der Standpunkt der Autorin/des Autors schon in der Einleitung klar zum Ausdruck gebracht? Falls ja: Woran kann man das erkennen?

c. Wie beurteilt ihr die einzelnen Beispiele? Welche gefallen euch? Warum?

Titel: **Die Tombola-Pflicht hat uns noch gefehlt**
Autor: Philipp Aichinger
Erscheinungsdatum: 20.02.2022; Medium: Die Presse

Österreichischer wird die Lösung nicht mehr. Die Politik führt eine Impfpflicht ein, aber gleichzeitig soll eine Gutscheinlotterie für Geimpfte Lust machen, sich piksen zu lassen. Das wäre ja an sich recht lustig, wenn Regierung und SPÖ für den am Donnerstag vorgestellten Spaß nicht eine Milliarde Euro an Steuergeld veranschlagt hätten.

Aichinger, Philipp: Die Tombola-Pflicht hat uns noch gefehlt. In: diepresse.com, 20.1.2022

Titel: **Die ewig vertagte Reform der Elementarbildung**
Autorin: Susanna Haas
Erscheinungsdatum: 24.01.2022; Medium: Der Standard

Donnerstag, 8.30 Uhr: Klemens, Miron und Dalia warten schon ungeduldig, um mit der Pädagogin die Bewegungsbaustelle aufzubauen, aber die Pädagogin hilft gerade Marvin und Hanna, ihren Streit zu lösen. Gleichzeitig erklärt Ella, dass sie schon hungrig ist. Während die Assistentin mit einigen Kindern die Jause herrichtet und nebenbei ein ankommendes Kind tröstet, fragt Filip bereits zum dritten Mal, wann ihm endlich sein Lieblingsbuch über Dinosaurier vorgelesen wird. Paul ruft laut aus dem Waschraum „Feeertig!“, und in der Garderobe braucht Amely Hilfe beim Wechseln des nassen Pullovers. In der Zwischenzeit kommen weitere Kinder an und wollen begrüßt werden. Alles Situationen, die Teil des Bildungsalltags im Kindergarten sind. Seit vielen Jahren entsteht jedoch der Eindruck, dass Entscheidungsträgerinnen und Entscheidungsträger den Kindergarten zwar als Bildungseinrichtung wahrnehmen und schätzen, jedoch den Leidensdruck des Berufsfeldes nicht erkennen, um notwendige Qualitätsverbesserungen zu finanzieren.

Haas, Susanna: Die ewig vertagte Reform der Elementarbildung. In: derstandard.at, 24.1.2022

veritas.at/code

Titel: **Pro und Kontra: Braucht es den Lobautunnel?**
Autor: Robert Lechner
Erscheinungsdatum: 20.07.2021; Medium: Der Standard

Vorneweg: Den Lobautunnel mag niemand, denn niemand bohrt freiwillig in 60 Meter Tiefe Löcher für eine Straße. Die Schaffung von Wohnungen und Arbeitsplätzen für 150.000 Menschen braucht aber Wien, die Ostregion und deshalb die ganze Republik. Und nur deshalb braucht es diesen dämlichen Straßentunnel als zusätzliche Donauquerung zwischen Praterbrücke und Hainburg, wie sie sich auch in allen Wiener Regierungsprogrammen von Rot-Grün fand.

Lechner, Robert: Pro: Braucht es den Lobautunnel? In: derstandard.at, 20.7.2021

Der Hauptteil

Im Hauptteil deines Kommentars sollen passende Argumente genannt werden. Dein Text wird letztlich aus mehreren Argumenten bestehen, die du sinnvoll reihen solltest. Bei der Anordnung der Argumente stehen dir verschiedene Möglichkeiten zur Verfügung. Siehe auch hier: › Erörterung S. 58ff. ‹

Bei allen argumentativen Textsorten (Kommentar, Erörterung, Leserbrief, Meinungsrede) sollen die angeführten Argumente insgesamt einen flüssigen und angenehm lesbaren Text ergeben, der von einem zum nächsten Aspekt überleitet. Sprachlich steht dir dabei eine breite Auswahl an verschiedenen Verknüpfungsmitteln (Adjektive, Adverbien, Konjunktionen, Pronomen) zur Verfügung.

Arten von Verknüpfungsmitteln	
adversative Verknüpfungsmittel: weisen auf einen **gegenteiligen Standpunkt** hin	allerdings, aber, doch, einerseits … andererseits, auf der anderen Seite, dagegen, demgegenüber, im Gegensatz dazu, jedoch, nicht … sondern
kausale Verknüpfungsmittel: geben einen **Grund** an	daher, deshalb, darum, deswegen, denn
konzessive Verknüpfungsmittel: räumen **gegenteilige Standpunkte** ein	obwohl, allerdings, obgleich, wenn auch, zwar
reihende Verknüpfungsmittel: **reihen** Argumente/Aspekte **aneinander**	sowohl … als auch, sowie, weiterhin, außerdem, darüber hinaus, zusätzlich, genauso wichtig, hinzu kommt, ebenfalls, desgleichen
steigernde Verknüpfungsmittel: stellen eine **Steigerung** dar	besonders, ernster, wichtiger, wesentlich, gewichtiger, bedeutsamer, auffälliger
konsekutive Verknüpfungsmittel: drücken eine **Folge** aus	daher, aus diesem Grund, infolgedessen, somit, folglich, derart … dass, demzufolge
finale Verknüpfungsmittel: drücken einen **Zweck** aus	damit, um … zu, darum
konditionale Verknüpfungsmittel: drücken eine **Bedingung** aus	wenn, falls, sofern, sonst

12 **Arbeite mit einer Mitschülerin / einem Mitschüler zusammen. Markiert in den Beispielen der Übung 11 auf S. 94 alle sprachlichen Verknüpfungsmittel.** L

Formulierungshilfen, um Ablehnung auszudrücken:

- Es ist/scheint nicht/kaum/wenig verständlich, wenn ...
- Abzulehnen/In Frage zu stellen/Zu hinterfragen ist allerdings ...
- Es ist zu bezweifeln/anzuzweifeln/kritisch zu sehen ...

Formulierungshilfen, um einen Gegensatz zu zeigen:

- Andererseits muss bedacht/berücksichtigt/zur Kenntnis genommen werden, dass ...
- Im Gegensatz dazu kann/soll/müsste ...
- In Wirklichkeit aber ...
- Man darf in Frage stellen/bestreiten/... zurückweisen ...

Formulierungshilfen, um ein anderes Argument anzuschließen:

- Ein weiterer/zusätzlicher Aspekt ...
- Außerdem/Darüber hinaus ...
- Dazu kommt/Des weiteren ...

Vereinnahmung der Leserin/des Lesers:
(wirkt rasch plakativ/manipulativ – Vorsicht beim Einsatz!)

- Keiner wird tatsächlich annehmen/glauben/in Erwägung ziehen ...
- Jeder, der auch nur ein wenig darüber nachdenkt, ...
- Es wird ja wohl niemanden geben, der ...
- Wollen wir eine Gesellschaft/in einem Land leben, das .../wirklich zulassen, dass ...

Vermeidung der Ich- und Wir-Perspektive:

- **man + Modalverb** (also *dürfen, können, mögen, wollen, müssen, sollen*): Man soll sich davon nicht beirren lassen (statt: Wir sollten uns davon nicht beirren lassen).
- **es + braucht / bedarf / gilt / erfordert / benötigt / macht notwendig:** Es bedarf einer entschlussfreudigen Regierung (statt: Ich finde, die Regierung sollte rasch und entschlossen reagieren).
- **Modalverb + Passiv:** Eine Einigung muss/soll/sollte angestrebt werden (statt: Wir müssen zu einer Einigung kommen).
- **Modalverben (auch im Konjunktiv) als Appell:** Das Gremium soll/muss/müsste/möge/sollte sich der Sache annehmen (statt: Ich meine, das Gremium ...).
- **Kombinationen der genannten Verfahren + Infinitivkonstruktionen:** Es wäre zu prüfen/Abzulehnen ist allerdings .../Es ist nicht einzusehen, dass ... (statt: Wir müssten prüfen/Ich lehne es ab/sehe nicht ein, dass ...).

Formulierungshilfen, um Einräumung auszudrücken:

- Zugegeben, die derzeitige Lösung ...
- Obwohl die momentan diskutierte Lösung ..., kann dennoch nicht ...
- Selbstverständlich muss man auch anerkennen/sehen/begreifen/berücksichtigen ...
- Trotz der unleugbaren/deutlichen/nicht zu ignorierenden Vorteile/Nachteile ...

Formulierungshilfen für die Schlussfolgerung:

› Aus diesem Grund/Daher/Aus den genannten Gründen …
› Schlussendlich/Letztlich …
› Zu guter Letzt …

Der Schluss

Nach dem Hauptteil sollst du im Schluss noch einmal eindeutig Stellung beziehen. Du kannst …

- wesentliche Punkte noch einmal zusammenfassen bzw. zu einem Fazit kommen.
- einen Ausblick auf die Zukunft abgeben.
- einen Appell an die Leserinnen und Leser richten.
- die Verantwortlichen zum Handeln auffordern.

JETZT ICH: EINEN TEXT VERFASSEN

Mustertext
uez 273

Checkliste
uez 274

13 **Bearbeite Schreibauftrag 1. Wähle noch vor dem Schreiben eine der auf** **› S. 93** **angeführten Möglichkeiten der Einleitung aus.** L

Schreibauftrag 1

Die Zukunft des Konsums

Verfassen Sie einen Kommentar.

Situation: Eine österreichische Tageszeitung lädt junge Erwachsene dazu ein, Beiträge für eine Sonderausgabe zum Thema *Wege in die Nachhaltigkeit* einzusenden. Sie verfassen dafür einen Kommentar mit dem Titel *„Die Zukunft des Konsums"*.

Lesen Sie den Bericht *„Konsum und Klima: Sollten wir alle weniger shoppen?"* von Jakob Pallinger aus der Online-Ausgabe der Tageszeitung „Der Standard" vom 06. Juni 2021.

Verfassen Sie nun den **Kommentar** und bearbeiten Sie dabei die folgenden Arbeitsaufträge:

- Fassen Sie die wesentlichen Thesen und Vorschläge des Autors J. B. MacKinnon zusammen.
- Bewerten Sie die Vorschläge vor dem Hintergrund Ihres eigenen Standpunktes.
- Machen Sie Vorschläge, wie nachhaltiger Konsum Ihrer Meinung nach aussehen könnte.

Schreiben Sie zwischen 270 und 330 Wörter. Markieren Sie Absätze mittels Leerzeilen.

KOMMENTAR

Nachhaltigkeit

Konsum und Klima: Sollten wir alle weniger shoppen?

stock.adobe.com/Dmitrijs Dmitrijevs

Übermäßiger Konsum zerstört unseren Planeten, sagt der Autor J. B. MacKinnon. Kann weniger Shopping die Lösung sein?

Lange Zeit musste er warten – nun kehrt der Konsum wieder zurück. Er lockt uns in die Innenstadt, ins Geschäft, ins Kino, in den nächsten Urlaub oder zum günstigen Angebot bei Amazon. Konsum ist aus unserem Alltag kaum wegzudenken, ohne ihn kommt unsere gesamte Wirtschaft nicht in Schwung, sagen Ökonomen und Ökonominnen.

Was also würde passieren, wenn wir beschließen, von einem Tag auf den anderen nicht mehr zu konsumieren als die zum Leben notwendigen Dinge wie Lebensmittel, Wasser, Kleidung, und das, was wir zum Wohnen benötigen? Wahrscheinlich gäbe es Chaos: Geschäfte und Industrien würden schließen, Millionen von Menschen verlören ihren Job. Aber wir hätten vielleicht auch weniger CO_2-Emissionen, eine bessere Luft und weniger Stress in der Arbeit.

So lautet zumindest das Gedankenexperiment, das der kanadische Autor und Journalist James Bernard MacKinnon in seinem neuen Buch „The Day the World Stops Shopping“ entwirft. Umsetzen würde er das Szenario so zwar nicht. Stattdessen stellt sich MacKinnon eine schrittweise Veränderung für die Zukunft vor: weg von einer Konsumgesellschaft, in der Überarbeitung gefördert und Einkaufen zur nationalen Tugend erklärt wird, hin zu einer Gesellschaft, in der Menschen mehr Zeit haben für Freundschaften, Beziehungen, sich selbst und die Umwelt, so der Autor.

Kampf gegen Klimawandel
Das würde laut MacKinnon auch zur Bekämpfung des Klimawandels beitragen. Denn wenn jeder Mensch auf der Welt so viel einkaufen würde wie der durchschnittliche Amerikaner oder Österreicher, bräuchten wir drei- bis fünfmal so viele Erden, so MacKinnon. Dieser übermäßige Konsum sei laut MacKinnon nicht nur für den Klimawandel, sondern auch für das Artensterben, die Umweltverschmutzung oder die Abholzung der Regenwälder verantwortlich.

Jahrhundertealte Kritik
Kritik am Konsumismus ist nicht neu. Schon Ende des 19. Jahrhunderts schrieb der amerikanische Soziologe Thorstein Veblen vom sogenannten „demonstrativen Verbrauch“: Damit bezog er sich auf das Konsumverhalten der reichen amerikanischen Oberschicht, die nicht kaufe, um ihre Grundbedürfnisse zu befriedigen, sondern um ihr soziales Ansehen zu steigern.

Bald darauf drang der steigende Konsum aber auch zur großen Mittelschicht durch – zumindest in Europa und den USA.

Konsum wurde zur Identitätsbildung, Bürger zu Konsumenten und neue Waren zu Versprechen für Glück, Sinn und Wohlstand, schrieben einige Soziologen zu der Zeit. Und heute? Da lassen Finanz- oder Corona-Krise den Konsum zwar vorübergehend einbrechen, das ändere aber wenig am generellen Konsumverhalten der Bevölkerung, sagen viele Experten und Expertinnen.

Wirtschaftsmotor

Aber muss Konsumismus deshalb schlecht sein? Immerhin treibt er die Wirtschaft an, führt zu einem Kreislauf aus Angebot, Nachfrage, mehr Beschäftigung, Innovationen und Kreativität. Das Ergebnis: ein Angebot, das alle erdenklichen Bedürfnisse des Menschen abzudecken versucht. Überall, wo die Wirtschaft und der Konsum wachsen, wächst auch der Wohlstand, was für viele Wirtschaftsexperten Beispiele wie China oder Indien zeigen.
Dass dies auch seine ökologischen Konsequenzen hat, würden wohl die wenigsten bestreiten. Nichtsdestotrotz kann Konsum durchaus auch nachhaltig sein, sagen Industrievertreter und Unternehmer. Die Welle an grünen Firmen, die grüne Produkte an umweltbewusste Konsumenten verkaufen, hat in den vergangenen Jahren vor allem in westlichen Gesellschaften gewaltig an Fahrt aufgenommen. Und mit Innovationen wie dem Elektroauto und erneuerbaren Energien soll bald auch der Klimawandel noch besser in den Griff zu bekommen sein.

Vermeintlich grün

Von grüner Technologie oder grünem Konsum hält J. B. MacKinnon wenig. Denn diese hätten bisher nirgendwo zu einer Reduktion des generellen Konsums geführt, schreibt er. Selbst der Minimalismus sei zu einem neuen Konsumtrend geworden, Unternehmen versuchten mit vermeintlich nachhaltigen Produkten zu neuem Geld zu kommen.

Ironischerweise würden selbst Anti-Marketing-Strategien wie jene des Bekleidungsunternehmens Patagonia, das seinen Kunden rät, keine Kleidung zu kaufen, die sie nicht brauchen, dazu führen, dass die Verkäufe und Produktion nach oben schnellen, so MacKinnon.

Frage nach Alternative

Was also soll die Alternative sein? Eine Rückkehr zum einfachen bäuerlichen Dasein, in dem sich Menschen mit Lebensmitteln und Bekleidung selbst versorgen? Wer soll das wollen, bis auf ein paar wenige?

Ganz so hat es sich MacKinnon nicht vorgestellt. In seinem Gedankenexperiment schwebt ihm in westlichen Industrienationen eine Konsumreduktion von rund 25 Prozent vor, also eher eine „Weniger-Konsum-“ als eine „Kein-Konsum-Gesellschaft“: Das bedeute weniger Reisen, Produkte und Restaurantabende, dafür mehr Produkte, die eine höhere Qualität haben und langlebiger sind, höhere Förderungen für Reparaturen, eine kürzere Arbeitszeit und sinnstiftende Jobs, so MacKinnon.

Wie eine solche nachhaltige Konsumgesellschaft aussehen könnte, will MacKinnon bereits in anderen Ländern gesehen haben. Zum Beispiel in Ecuador, wo sich der Konsum noch im Rahmen der planetarischen Grenzen befinde, oder auf einer kleinen Insel in der Nähe Japans, auf der die Bewohner in so etwas wie „freiwilliger Einfachheit“ lebten.

Konsumenten versus Politik
Nicht ganz klar ist, wie sich so eine Zukunftsvision, die sich ein wenig wie eine neue Variante des Sozialismus anhört, bewahrheiten soll. Braucht es dafür eine neuerliche Pandemie oder eine weitere Finanz- oder Wirtschaftskrise, die den Konsum weltweit einbrechen lässt? Oder werden die „Konsumenten" eines Tages ganz von selbst beschließen, Verzicht und Minimalismus zur neuen Tugend zu erheben?

Ironischerweise könnten es gerade Ölunternehmen sein, die eine solche „Konsumentenstrategie" zur Klimawandelbekämpfung unterstützen. Denn seit Jahren versuchen sie die Verantwortung für den Klimawandel auf die Konsumenten abzuwälzen, wie es in einer neuen Studie heißt, die dafür die Kommunikation des Ölgiganten Exxon Mobil untersuchte. Laut den Ölunternehmen liege es allein an den Konsumenten, zu entscheiden, wie sie mit ihren Käufen den Klimawandel vorantreiben – in den Augen von Klimaschützern und Klimaschützerinnen ein bequemer Weg für die Unternehmen, sich aus der Verantwortung zu stehlen.

Sozialprojekte
Laut MacKinnon werde die Veränderung zur „Weniger-Konsum-Gesellschaft" sowohl von einzelnen Projekten und Initiativen als auch von Regierungen ausgehen. Als Beispiel für ein gelungenes Projekt führt er etwa die Organisation „Participatory City" an, die in Kanada und Großbritannien versucht, Menschen vor Ort zusammenzubringen. Anstatt in die Stadt zu gehen, um zu shoppen, sollen sich Bewohner treffen, um gemeinsam zu kochen, zu garteln oder sich einfach nur auszutauschen.

Regierungen wiederum sollen mit bestimmten Regeln etwa zur höheren Langlebigkeit von Produkten beitragen. In Frankreich beispielsweise verbot die Regierung die sogenannte „geplante Obsoleszenz", bei der ein Produkt bewusst so hergestellt wird, dass es bald kaputt geht.

„Wir können nicht einfach immer mehr und mehr konsumieren", schreibt MacKinnon. Aber wann wird „genug" zu „zu viel"? Vielleicht ist die wichtigere Frage ohnehin jene nach unseren Beziehungen zu unseren Mitmenschen, der Umwelt, aber auch zu unseren Dingen. Oder wie es die australische Kabarettistin und Autorin Wendy Harmer ausdrückte: „Unser Konsum ist wie eine Liebesbeziehung – in etwa so wie normale Beziehungen auch."

Pallinger, Jakob: Konsum und Klima: Sollten wir alle weniger shoppen? In: derstandard.at, 6.6.2021

INFOBOX

(der) Minimalismus: Geisteshaltung, die sich bewusst auf ein Minimum, das Nötigste beschränkt; auch in der bildenden Kunst, in der Architektur, Musik und Innenausstattung verwendet; dort: Verzicht auf Dekor und schmückendes Beiwerk

FEINSCHLIFF: EINEN TEXT ÜBERARBEITEN

weiterer Mustertext Kommentar uez 293

14 **Lies den Kommentar *„Sollen wir alle weniger shoppen?"*, den ein Schüler zu 13 auf S. 97 verfasst hat. Bearbeite den Text und die Arbeitsaufträge im Arbeitsblatt.**

ZUM SCHLUSS: ANTWORTEN ZU DEN FAQS

15 **Lies noch einmal die Fragen, die Jugendliche zur Textsorte Kommentar** **› S. 84** **gestellt haben. Welche davon sind für dich noch offen? Antworten findest du hier:** L

Darf ich in meinem Kommentar auch so richtig austeilen?

Ein Kommentar lässt dir sprachlich viele Freiheiten. Du kannst eine ironische Schreibhaltung wählen, auch gelegentlicher Sarkasmus ist nicht verboten. Du willst deine Leserinnen und Leser überzeugen und sie dazu bewegen, sich deiner Meinung anzuschließen. Es ist also nicht verboten, Methoden der Manipulation einzusetzen, solange dies dezent passiert und deine Argumentation nicht unsachlich oder grob verallgemeinernd wird.

Was nicht passieren sollte: So wie in einer mündlichen Diskussion oder einem Streitgespräch solltest du unter keinen Umständen beleidigend, untergriffig oder diffamierend vorgehen. Auch umgangssprachliche Formulierungen sind hier unangebracht. Du willst deine Leserinnen und Leser überzeugen und, wie das Sprichwort sagt: Mit Honig fängt man mehr Fliegen als mit Essig.

Was mache ich, wenn mir keine Argumente einfallen?

Der Ausgangstext wird dich mit passenden Argumenten versorgen. Überlege dir weitere Argumente zum Thema. Denk dabei an Menschen von unterschiedlichem Alter, mit verschiedenen Bildungshintergründen, von unterschiedlicher Herkunft, verschiedenen Geschlechts oder Menschen mit unterschiedlichen Einkommen. Überlege dir auch, welche Gegenargumente man anführen könnte.

Muss in einem Kommentar überhaupt eine eindeutige Meinung präsentiert werden?

Nein, das muss nicht unbedingt sein. Bei der Form des sogenannten „dialektischen Kommentars" werden im Hauptteil Argumente für und gegen eine strittige Angelegenheit gegeneinander abgewogen. Solche Kommentare wollen oft aufzeigen, wie schwierig es ist, in einer bestimmten Angelegenheit zu einem eindeutigen Urteil zu kommen. Generell gilt aber: Einfacher ist es, nach den gedanklichen Vorarbeiten zu einem eindeutigen Urteil zu kommen.

Ist der Kommentar eine schwierige Textsorte?

Siehe oben! Der Kommentar bietet viele Möglichkeiten, was Schülerinnen und Schüler aber auch überfordern kann. Mit zunehmender Übung sollte die Scheu vor dieser Textsorte aber verschwinden.

Was sind häufige Fehler, auf die ich besonders achten soll?

Häufige Fehler sind: Die Schreiberin/Der Schreiber …

- beachtet nicht alle Operatoren.
- geht zu wenig auf den Ausgangstext ein.
- löst sich (sprachlich bzw. argumentativ) zu wenig vom Ausgangstext.
- verwendet sprachliche Mittel des Kommentars so zögerlich, dass der Text einer Erörterung oder einer Zusammenfassung ähnelt.
- begründet seine/ihre Behauptungen nicht oder nicht ausreichend.

UNTER DER OBERFLÄCHE

Die Textanalyse

Jst es schlimm, wenn meine Textanalyse zu lang oder zu kurz geworden ist?

Wie lang muss die Zusammenfassung, wie lang der Analyseteil sein?

Jst die Textanalyse eine schwierige Textsorte?

Wozu schreibt man eine Textanalyse?

Muss ich den Ausgangstext interpretieren?

Wie kann ich Sätze aus dem Text wiedergeben?

Wie endet eine Textanalyse?

Kann ich in einer Textanalyse meine eigene Meinung wiedergeben?

01 **Ergänze selbst weitere Fragen, die du zu dieser Textsorte hast. Schreibe in die leeren Sprechblasen.**

veritas.at/code

GRUNDLEGENDES: DIE TEXTSORTE KENNENLERNEN

Erklärvideo Textanalyse uez 275

Was ist das Besondere an einer Textanalyse?	Eine **Textanalyse** … › ist die **Analyse eines Textes** in Bezug auf seinen **Inhalt**, seine **Struktur** und seine **sprachlichen Merkmale**. Die **Besonderheiten** des Textes werden dabei **genau beschrieben, ohne dass** der **Text interpretiert wird**. › ist **sachlich und klar** formuliert. › ist **im Präsens bzw. im Perfekt** verfasst. › kommt **ohne Wertungen und Kommentare** aus. › **folgt** einem **chronologischen**[1] **Aufbau**.
Für wen schreibe ich die Textanalyse?	Während bei den meisten Angaben in der Oberstufe Auskunft über die **Situation**, in der ein Text entstehen soll, gegeben wird (z. B. für ein Schulprojekt, ein Referat oder die Schülerzeitung …), werden bei der Textanalyse und bei der › Textinterpretation S. 121 ‹ **keine bestimmte Situation** und somit auch keine bestimmten Adressatinnen und Adressaten vorgegeben.
Welche Texte muss ich analysieren?	Eine Textanalyse kann zu einem fiktionalen oder einem nicht fiktionalen Text verfasst werden. Bei der **Reifeprüfung** jedoch kommen **nur Analysen von Sachtexten**, also z. B. von **Kommentaren, Kolumnen, Essays** vor. Auch **Grafiken** oder **Statistiken** (also nichtlineare Texte › Zusammenfassung S. 33 ‹) können die Ausgangsbasis für eine Textanalyse sein.
Wie lang soll die Textanalyse werden?	Die Textanalyse gehört zu den mittleren bzw. längeren Textsorten › Einleitung S. 9f. ‹ und soll **zwischen 405 und 495 bzw. zwischen 540 und 660 Wörter lang** sein. Überschreitungen werden toleriert, wenn sie dem Inhalt des Textes dienen.
Wie ist eine Textanalyse aufgebaut?	**Einleitung** mit allen Basisinformationen (oft als **Basissatz** bezeichnet) und **Thema** des Ausgangstextes **Hauptteil:** › Zusammenfassung des Inhalts bzw. der zentralen Aussagen › **formale und inhaltliche Analyse:** Struktur und Gliederung des Textes (Absätze, Überschriften …), Aufbau der Argumentation, Art der Argumente › **sprachliche Analyse:** Wortwahl (Wortarten, Fachvokabular, verwendete Sprachebene), Satzbau, Stil, rhetorische Stilmittel, Bedeutung des Titels › **Kommunikationsanalyse:** Analyse in Bezug auf die Funktion bzw. die Intention und die Wirkung des Textes **Schluss (je nach Aufgabenstellung):** › Resümee bzw. Zusammenfassung der Analyse, Fazit zur Funktion bzw. Intention des Textes

1 chronologisch bedeutet hier: folgt dem Aufbau des Ausgangstextes

DARUM GEHT'S: DIE ANGABE VERSTEHEN

Die **Operatoren**, die du häufig in Schreibaufträgen für eine Textanalyse findest, stammen aus **allen drei Anforderungsbereichen**, z. B.

- *Benennen Sie …* (Anforderungsbereich 1: Reproduktion)
- *Untersuchen Sie …* (Anforderungsbereich 2: Reorganisation und Transfer)
- *Bewerten Sie …* (Anforderungsbereich 3: Reflexion und Problemlösung)

Pro Schreibauftrag musst du mit drei bis vier Arbeitsaufträgen rechnen, das entspricht also drei bis vier Operatoren, die bearbeitet werden müssen.

02 **Untersuche die drei Schreibaufträge in diesem Kapitel** (› S. 104, S. 112, S. 114). **Unterstreiche jeweils die Operatoren.** L

› Ordne sie auch dem jeweiligen Anforderungsbereich (vgl. › Einleitung S. 12f. ‹) zu. Vergleiche sie mit den oben genannten Operatoren. Was kannst du feststellen? Notiere deine Erkenntnisse.

03 **Lies den folgenden Schreibauftrag ein weiteres Mal und gib in eigenen Worten wieder, was bei den einzelnen Arbeitsschritten zu tun ist.** L

Schreibauftrag 1

Verfassen Sie eine Textanalyse.

Lesen Sie die Glosse „*Bitte die gute Laune zu Hause lassen!*" von Karl Gaulhofer, die am 12.04.2022 in „*Die Presse*" erschienen ist.

Verfassen Sie nun die **Textanalyse** und bearbeiten Sie dabei die folgenden Arbeitsaufträge:

- Geben Sie die wesentlichen Aussagen des Textes wieder.
- Untersuchen Sie den formalen Aufbau sowie die sprachlichen Merkmale des Textes auch in Hinblick auf mögliche Wirkungsabsichten.
- Erschließen Sie die mögliche Intention des Autors.

Schreiben Sie zwischen 405 und 495 Wörter.
Markieren Sie Absätze durch Leerzeilen.

HIN ZUM EIGENEN TEXT: VERSTEHEN UND PLANEN

Um eine Textanalyse zu verfassen, muss zuerst der **Ausgangstext** gelesen und **erschlossen werden**. Dabei kann es hilfreich sein, **schrittweise** vorzugehen:

Informationen markieren bzw. visualisieren

Lies den Text zuerst **aufmerksam durch**. Beim **zweiten Lesegang** solltest du bereits die wichtigsten Aussagen des Textes **markieren** bzw. **unterstreichen** (vgl. › Zusammenfassung S. 18‹) und/oder dir Notizen dazu am Rand oder in deiner Mappe machen. Nach einem **weiteren Lesegang** kannst du **sprachliche** und **formale Aspekte**, die dir für deine Analyse interessant bzw. wichtig erscheinen, in **unterschiedlichen Farben markieren**. Das können z.B. bestimmte Wörter wie Schlüsselwörter, Wortfelder, bestimmte Wort- oder Satzarten sein, oder aber Abschnitte, Meinungen von Expertinnen und Experten bzw. Zitate sowie die Argumentationslinien. Die sogenannte **Argumentationslinie**, also die **verschiedenen Argumente**, die die Autorin in ihrem oder der Autor in seinem Text entwickelt und vorbringt, kannst du z.B. auch mit A1, A2, A3 benennen. Interessant dabei ist, ob Argumente entwickelt werden, also ob ein Argument auf dem anderen aufbaut, ob sich Argumente wiederholen, ob das 3B-Schema (vgl. › Erörterung S. 59‹) verwendet wird etc.

Informationen aus Texten können auch **grafisch visualisiert** werden, indem du die **wichtigsten Aussagen** des Textes herausfilterst, **grafisch darstellst** und so auch zeigst, inwiefern sie zusammenhängen. Eine sogenannte **Concept Map** gibt die Beziehungen zwischen Dingen visuell wieder. Die **zentralen Begriffe** werden in die Kästchen geschrieben. Die **Pfeile** zwischen den Kästchen zeigen die **Leserichtung** bzw. den **Zusammenhang** zwischen den Konzepten und/oder Argumenten.

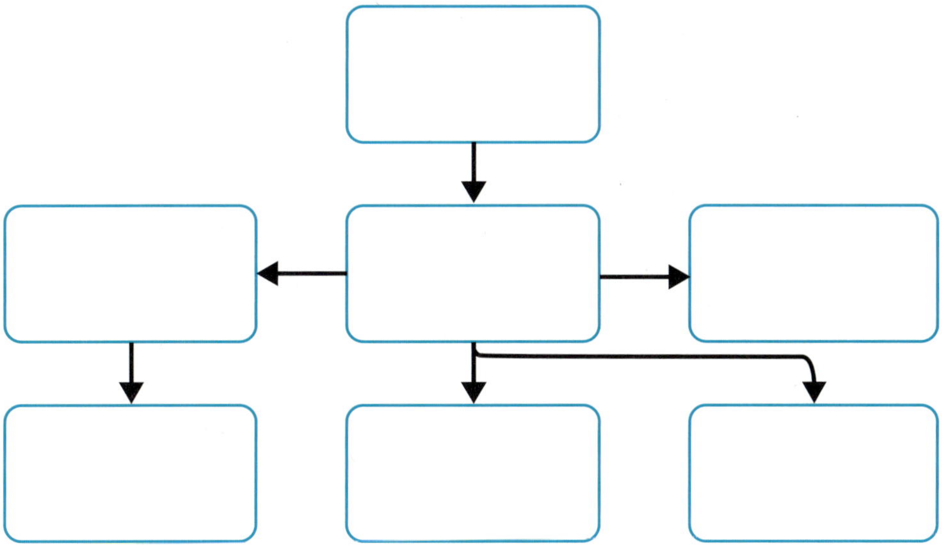

04 **Lies den Text *„Bitte die gute Laune zu Hause lassen!“* mehrmals und probiere beide Methoden aus: Nimm Markierungen in verschiedenen Farben vor und erstelle eine Concept Map in deiner Mappe.**

- › Tauscht euch in der Klasse darüber aus, welche Methode euch besser gefällt.
- › Diskutiert auch darüber, ob beide Methoden für jede Art von Text bzw. jede Aufgabenstellung brauchbar sind.

TEXTANALYSE

Bitte die gute Laune zu Hause lassen!

Zu viel des Guten: Psychologen warnen vor „Toxic Positivity". Wird nun der wienerische Grant als […] Gegengift zum Exportschlager?

Früher schrieb man Einladungen zu Geburtstagsfesten: „Bitte gute Laune mitbringen!" Das ist heute obsolet, weil ein blank geputztes Gemüt zur sozialen Grundausstattung gehört. Wer nicht als altmodischer Kauz schief beäugt werden will, muss immer gut drauf sein. Vom Dauergrinsen in den sozialen Netzwerken aus hat der kategorische Imperativ „Good vibes only" den analogen Alltag erobert. Nicht einmal ein Krieg in Europa kann daran etwas ändern. Uns gehe es ja weiterhin gut, auch jede persönliche Krise sei eine Chance, und wer das nicht jauchzend bejaht, müsse an seiner Einstellung arbeiten, Pardon: an seinem Mindset. Aber damit ist jetzt Schluss. Aus den USA naht Entlastung, und weil heute alles Übertriebene als Gift gilt, wettern nun Psychologen gegen „Toxic Positivity".

Ihre Diagnose: Wer seine negativen Gefühle schamhaft verbirgt, handelt sich viel Schlimmes ein, angefangen mit Bluthochdruck. Krank macht auch ein aufgesetztes Lächeln, wie Studien im japanischen Dienstleistungssektor gezeigt haben. Wohldosierte positive Verzerrung – vulgo Optimismus – sei zwar förderlich, aber zwanghaftes Schönfärben dysfunktional. So kommen die Forscher zu dem verblüffenden Schluss: Wenn einem Gutes widerfährt, soll man sich gut fühlen, und wenn einem Schlechtes passiert, schlecht.

Um diesen Paradigmenwechsel in die Praxis umzusetzen, bieten sich Österreicher und Bayern als Rollen-

stock.adobe.com/Flafly

modelle an – mit ihrem Grant, den sie jahrhundertlang kultiviert haben und der nun als immaterielles Weltkulturerbe geschützt werden sollte. Weil den Alpenanrainern der Geist der Revolte fehlt, haben sie ihren Unmut mit den Zuständen früher in Form von gemurmeltem Raunzen artikuliert. Das konnte melancholisch sein, zärtlich, spöttisch oder renitent, und es war im besten Fall nicht ohne Selbstironie. Thomas Bernhard machte aus seiner chronisch schlechten Laune große Literatur. Und die geniale Zwiderwurzn Beethoven wurde nicht zufällig in Wien sozialisiert.

Aber beim kreativen Potenzial der Mieselsucht müssen wir die Kreise weiter ziehen: Ob Schopenhauer, Nietzsche, Kant oder Wittgenstein – mit all diesen Geistesgrößen konnte man keine Party schmeißen. Es braucht wohl eine gewisse stirnrunzelnde Grundskepsis, um überhaupt mit dem Philosophieren anzufangen. Oder wie Konrad Paul Liessmann sagt: „Wer sich freut, denkt nicht."

Freilich geht es beim Grant auch um Lebenskunst: Über das zu klagen, was man nicht ändern kann, vom Wetter bis zu Putin, hat etwas ungemein Erleichterndes.

Und wer immer mit dem Schlimmsten rechnet, darf eine gelassene Zufriedenheit empfinden, wenn es dann doch ein wenig besser kommt. Vielleicht verschafft uns ja die Kritik an „Toxic Positivity“ sogar richtig gute Laune. Aber das behalten wir bitte schön für uns.

Gaulhofer, Karl: Bitte die gute Laune zu Hause lassen! In: diepresse.com, 12.4.2022

INFOBOX

obsolet: überflüssig

(der) kategorische Imperativ: grundlegendes Prinzip in der Philosophie Immanuel Kants: Als Kriterium, um zu beurteilen, ob eine Handlung moralisch sei, wird hinterfragt, ob sie für alle gültig und so ohne Ausnahme zu akzeptieren sei.

vulgo: alias, genannt

dysfunktional: unpraktisch, unzweckmäßig

(der) Paradigmenwechsel: Wechsel von einer (wissenschaftlichen) Grundauffassung zu einer anderen

(der) Grant: umgangssprachlich für Unmut, schlechte Laune

raunzen: umgangssprachlich für nörgeln, klagen

(die) Zwiderwurzen: österreichischer und bayrischer Ausdruck für einen mürrischen, unfreundlichen Menschen

immateriell: unstofflich, unkörperlich, geistig

Konrad Paul Liessmann: bekannter österreichischer Philosoph

(die) Mieselsucht: Miesmacherei, Kritiksucht

SPRACHLICHE MITTEL: DIE RICHTIGEN WORTE FINDEN

Die Einleitung

stock.adobe.com/Rawpixel.com

In der Einleitung werden die **wesentlichen Informationen** (Basisdaten) des Textes wiedergegeben, das sind:

- Autorin oder Autor
- Titel
- Textsorte (Reportage, Zeitungsbericht, Interview …)
- Erscheinungsort (Name des Mediums)
- Erscheinungsdatum
- Erscheinungsweise (Print-Ausgabe oder Online-Ausgabe)
- Thema

Der Einleitungssatz soll darüber informieren, **worum es in dem Text geht**.

05 **Lies die Einleitungen. Beurteile jeweils, ob alle Angaben vorhanden sind bzw. ergänze die fehlenden Informationen.** L

› Bewerte die Einleitungen anschließend mit Schulnoten.

	Einleitung 1	Einleitung 2	Einleitung 3
	Jn dem Text „Bitte die gute Laune zu Hause lassen!“, erschienen am 12.4.2022 in „Die Presse“, geht es um „Toxic Positivity“.	Jm Zeitungsartikel „Bitte die gute Laune zu Hause lassen!“ von Karl Gaulhofer, veröffentlicht am 12.4.2022 in der Online-Ausgabe von „Die Presse“, geht es darum, dass zu viel gute Laune auch negative Auswirkungen haben kann.	Jn der Glosse „Bitte die gute Laune zu Hause lassen!“ geschrieben von Karl Gaulhofer und veröffentlicht am 12.4.2022 auf www.diepresse.com, geht es um „Toxic Positivity“. Mit dem Begriff wird die Tatsache bezeichnet, dass das ständige Streben nach guter Laune krank machen kann.
Ergänzungen			
Beurteilung (verbal)	gelungen/ weniger gelungen finde ich …		
Bewertung (Schulnote)			

Formulierungshilfen für die Einleitung:

› In dem Kommentar/Bericht „*Titel*“, verfasst von *Autorin/Autor*, der am *Datum* in „*Name des Mediums*“ erschienen ist, geht es um …
› In der am *Datum* in (der) „*Name des Mediums*“ erschienenen Reportage mit dem „*Titel*“ wird über das Thema … berichtet.
› Die Glosse „*Titel*“, verfasst von *Autorin/Autor*, die am *Datum* in „*Name des Mediums*“ erschienen ist, handelt von …

06 **Verfasse nun selbst eine Einleitung zum Text „*Bitte die gute Laune zu Hause lassen!*“. Schreibe in deine Mappe.**

Der Hauptteil

Du beginnst den **Hauptteil** deiner Textanalyse, indem du die **Hauptaussagen** des Textes wertfrei **wiedergibst** bzw. **zusammenfasst**. Lies dir dazu und auch zu möglichen Arten der Wiedergabe von Aussagen (der Autorin/des Autors bzw. von Expertinnen und Experten) die wichtigsten inhaltlichen Punkte zur Textsorte › Zusammenfassung S. 17 ‹ noch einmal durch.

stock.adobe.com/onephoto

Der Zusammenfassung folgen die formale sowie die inhaltliche Analyse. Dabei gehst du genauer auf den Aufbau und die Struktur sowie die Argumente des Ausgangstextes ein. Folgende Fragen helfen dir:

- Wie ist der **Text gegliedert**? – Gibt es eine Überschrift? Einen Lead? Unterüberschriften? Wie viele Absätze gibt es? Gibt es zusätzliches Material wie Grafiken, Statistiken oder Bilder?
- Welche **Hauptthesen** werden vertreten? – Verwendet die Autorin/der Autor das 3B-Schema? Handelt es sich bei den Thesen um **Tatsachenbehauptungen** (überprüfbar), **Werturteile** (subjektive Meinung, z. B. *Die Menschen werden immer fauler.*) oder **Appelle**, also Aufforderungen, Empfehlungen etc.?
- Wie ist die **Argumentation** aufgebaut? – Argumentiert die Autorin/der Autor geradlinig? Sind die Argumente aufbauend? Entwickeln sie sich? Greift sie/er Argumente wieder auf? Ist die Argumentation logisch/schlüssig/nachvollziehbar?
- Welche **Art von Argumenten** wird verwendet? – **Faktenargument** (mit Bezug auf Quellen), **Autoritätsargument** (mit Bezug auf Expertinnen und Experten), **Wertargumente** (Hinweis auf Menschenrechte, gesellschaftliche Normen und Regeln, Religionsfreiheit …), **Plausibilitätsargumente** (Argumente, die logisch sind und die auf einer persönlichen Erfahrung beruhen, die viele teilen …). Mehr zum Thema „Argumente" findest du hier: › Kommentar S. 86f. ‹

TIPP: ZUR WIEDERHOLUNG

Ein Argument besteht aus drei Teilen: einer **B**ehauptung (**These**), der eine **B**egründung und ein **B**eispiel folgen. = **3B-Schema** (Siehe auch › Erörterung S. 59 ‹.)

07 **Lies den Text *„Bitte die gute Laune zu Hause lassen!"* auf › S. 106f. ein weiteres Mal und notiere dir mithilfe der Fragen oben die wesentlichen Punkte zur formalen und inhaltlichen Analyse in deiner Mappe.** L

Bei der folgenden sprachlichen **Analyse** beschreibst du die Sprache des Ausgangstextes. Folgende **Fragen** können dir dabei wieder helfen:

- Wie ist die **Sprache** bzw. der **Stil** des Textes? (z. B. sachlich, nüchtern, emotional, ironisch, anspruchsvoll)
- Wie ist der **Wortschatz**? Gibt es **Wortfelder**, also Wörter, die inhaltlich einem Thema zugeordnet werden können? Gibt es Wörter, die oft vorkommen (**Schlüsselwörter**)? Dominiert eine bestimmte **Wortart**? Kommen viele Fremdwörter vor? Werden Anglizismen[1] verwendet? Wird ein **Fachvokabular** verwendet? Kommen Umgangssprache oder Jugendsprache vor? Gibt es **rhetorische Stilmittel**? (Siehe auch › Meinungsrede S. 76f. ‹ und › Kommentar S. 86f. ‹.)
- Wie gestaltet sich der **Satzbau**? Sind die Sätze eher lang oder kurz? (Hauptsätze bzw. Hauptsatzreihen, Gliedsätze bzw. Satzgefüge)? Werden lediglich **Fakten** aufgereiht (meistens Hauptsätze) oder werden diese auch **begründet** (eher Gliedsätze)?

1 (der) Anglizismus: sprachlicher Ausdruck, der aus dem Englischen übernommen wurde

TIPP:

Hauptsatzreihen werden auch als **Parataxen**, Satzgefüge als **Hypotaxen** bezeichnet. Man spricht also von einem parataktischen oder hypotaktischen Satzbau.

08 **Notiere nun mithilfe der Fragen von S. 109 die wesentlichen Punkte der sprachlichen Analyse zum Text *„Bitte die gute Laune zu Hause lassen!"* in deiner Mappe.** L

Am Ende deines Analyseteils steht die sogenannte **Kommunikationsanalyse**. Dabei geht es darum, dass du herausfindest, welche Intention die Autorin bzw. der Autor mit ihrem/seinem Text verfolgt: Will sie/er unterhalten/belehren/informieren/appellieren …? Welche Wirkung wird dadurch bei dir als Leserin bzw. Leser erzeugt?

Oft ist es hilfreich, den **Titel** des Textes noch einmal **ins Auge zu fassen** und ihn in **Beziehung zur Textaussage** zu stellen. Auch die **Textsorte** sagt oft etwas über die Wirkungsabsicht des Textes aus, eine Glosse z. B. ist nie rein informierend.

Die Punkte, die du bei deiner formalen, inhaltlichen und sprachlichen Analyse gesammelt hast, helfen dir bei deiner Kommunikationsanalyse bzw. sollen dir als Basis dafür dienen. **Die Autorin / Der Autor** wählt die **sprachliche** und **formale Gestaltung** des **Textes** auch im Hinblick auf die **Wirkung**, die sie bzw. er mit dem Text erzielen möchte.

stock.adobe.com/Goodideas

09 **Formuliere Stichworte zur Kommunikationsanalyse in deiner Mappe, indem du die Punkte, die du bei der formalen, inhaltlichen und sprachlichen Analyse in Übung 7 bis 9 gesammelt hast, in deine Überlegungen miteinbeziehst:** L

- Welche Wirkung entsteht durch die Gliederung/die Art der verwendeten Argumente/die Überschrift etc.? Wie wirkt der Text durch den verwendeten Wortschatz/den Stil/den Satzbau/die Stilmittel …?
- Welche Absicht verfolgt die Autorin/der Autor mit dem Text? Wodurch wird die Absicht in der Art der formalen, inhaltlichen und sprachlichen Gestaltung deutlich?

Um deine **Analyseergebnisse**, die du stichwortartig in Übung 7 bis 9 festgehalten hast, in einen **Text** zu **verpacken**, helfen dir die folgenden **Phrasen**:

Formulierungshilfen für die formale / inhaltliche Analyse:

- Der Text ist in … Absätze gegliedert …
- Die Autorin vertritt die These, dass …
- Bei den von der Autorin verwendeten Thesen handelt es sich um Tatsachenbehauptungen/Werturteile/Appelle. Dies wird deutlich, da …
- Die Argumentation des Autors ist linear/sprunghaft/ist sehr emotional/ist nachvollziehbar …
- Der Autor argumentiert schlüssig und nach dem 3B-Schema …
- Bei den verwendeten Argumenten handelt es sich um … Faktenargumente/Werteargumente/Plausibilitätsargumente …

Formulierungshilfen für die sprachliche Analyse:

- Der Stil des Textes ist eher nüchtern/sachlich/emotional/ironisch …
- Der Text enthält viele Fremdwörter/viel Fachvokabular und richtet sich daher …
- Die Wortwahl der Autorin ist eher gehoben/anspruchsvoll/komplex …
- Der Autor verwendet verschiedene rhetorische Stilmittel, z. B. die Metapher „…" in Zeile … Dadurch wirkt der Text …

Formulierungshilfen für die Kommunikationsanalyse:

- Die Autorin stellt in ihrem Text … das Thema/die Aspekte von …/Argumente/Fakten zu … dar.
- Die Intention des Autors ist es, …
- Mit dem Text möchte die Autorin … informieren/darauf hinweisen, dass …/an die Leserschaft appellieren, um … ein Bewusstsein für … zu schaffen.
- Durch die sprachliche und formale Gestaltung des Textes wird deutlich, dass …
- Mit dem Text gelingt es dem Autor …

Um deine Aussagen bzw. deine Analysen zu stützen, musst du Belege aus dem Text in deinen Text integrieren. Du kannst **direkt zitieren** und die jeweilige Zeile angeben. Inhalte können aber auch **indirekt**, also mit der **indirekten Rede** im **Konjunktiv** oder mit **dass-Sätzen** wiedergegeben werden. (Siehe auch › Zusammenfassung S. 23f. ‹.)

Formulierungshilfen für die direkte Wiedergabe von Zitaten:

- Durch die Verwendung der Adjektive in Zeile # wird ersichtlich …
- Die Metapher in Zeile # soll verdeutlichen …
- Durch den Einsatz von Fremdwörtern wie z. B. in Zeile # möchte die Autorin …
- Die verwendete Ellipse/rhetorische Frage in Zeile # soll den Eindruck unterstützen …
- Der parataktische Satzbau in Zeile # – # trägt dazu bei …

Formulierungshilfen für die indirekte Wiedergabe von Zitaten:

- Laut der Expertin X/dem Experten Y entspricht die Studie ….
- Im zweiten Absatz wirft die Autorin die Frage auf, ob …
- Im Text wird beschrieben/ausgeführt/geschildert …
- Der Autor beschreibt/schildert …
- Außerdem wird darauf hingewiesen …

10 **Formuliere zwei Sätze, in denen du jeweils direkt und indirekt aus dem Text *„Bitte die gute Laune zu Hause lassen!"* › S. 106 zitierst.**

Der Schlussteil

Je nach Aufgabenstellung **fasst** du zum Schluss die **Ergebnisse** deiner Analyse **zusammen** oder **kommentierst** den Text, die **Textfunktion,** die **Wirkung** des Textes etc.

JETZT ICH: EINEN TEXT VERFASSEN

Mustertext uez 276

Checkliste uez 277

11 **Verfasse nun auf Basis deiner Notizen aus Übung 6 bis 10 eine Textanalyse des Textes *„Bitte die gute Laune zu Hause lassen!"*.**

- Lies dazu die Aufgabenstellung von › S. 104 noch einmal durch und ergänze deine Notizen um mögliche fehlende Punkte.

Weitere Schreibaufträge:

Schreibauftrag 2 L

Verfassen Sie eine Textanalyse.

Lesen Sie die Reportage *„Nicht grün genug"* von Delna Antia-Tatić, veröffentlicht am 02.07.2021 auf www.jetzt.de.

Verfassen Sie nun die **Textanalyse** und bearbeiten Sie dabei die folgenden Arbeitsaufträge:

- Beschreiben Sie die Problematik, die in Text 1 dargestellt wird.
- Untersuchen Sie den Aufbau der Argumentation und die sprachliche Gestaltung.
- Erschließen Sie mögliche Intentionen der Autorin.

Schreiben Sie zwischen 540 und 660 Wörter.
Markieren Sie Absätze mittels Leerzeilen.

Text 1

Nicht grün genug!

Die Influencerin Dariadaria gerät in einen Shitstorm, wenn sie vegetarisch statt vegan isst. Eine Umweltaktivistin muss sich für ihren Urlaub in Portugal rechtfertigen. Wenn von Menschen erwartet wird, dass sie sich wie Heilige verhalten.

Die Sache mit der Süßkartoffel sei lächerlich gewesen. Und entschuldigen wollte sie sich dafür auch nicht. Österreichs erfolgreichste Umweltaktivistin und Sinnfluencerin Dariadaria erntete auf ihrem Instagram-Kanal einen Shitstorm, weil sie sich eine Süßkartoffel im Ofen gemacht hatte – die Betonung liegt hier auf EINE. „Was für eine Stromverschwendung!", so die Kritik.

Madeleine Darya Alizadeh, wie sie mit echtem Namen heißt, setzt sich seit elf Jahren für eine gute und grüne Welt ein. So betreibt die Unternehmerin und Influencerin auf Instagram vor allem „sinnfluencing": Sie macht sich seit Jahren für Flüchtlinge stark, schreibt über Feminismus, Body Neutrality und Rassismus ebenso wie über Veganismus und Fair Fashion. 2019 ist sie für die

stock.adobe.com/wealthy99

Grünen bei der Wahl fürs Parlament angetreten. Und im Frühjahr dieses Jahres schaffte es ihr eigenes Fair-Fashion-Label Dariadéh sogar in die Vogue. Natürlich ließ sie die Stücke ihrer Kollektion nicht von herkömmlichen Models präsentieren, sondern von Frauen unterschiedlichen Typs, Gewichts und Alters. Kein Wunder also, dass eine Journalistin sie unlängst als die „Gutfrau von Instagram" bezeichnete. Und dennoch wird Madeleine „geshamed" – das heißt, im Internet an den Pranger gestellt, sobald ihr vermeintlich grüne „Fehler" unterlaufen.

Per Zoom spreche ich mit ihr über Shaming und Blaming in der scheinbar heilen Welt der woken Community. „Gibt es einen grünen Druck?", will ich wissen. „Auf jeden Fall. Spätestens seit es das Wort „Flugscham" gibt, ist vielen Menschen klargeworden, dass es diesen Druck gibt", sagt sie. Und obwohl die 32-Jährige sich dessen bewusst ist und ständig evaluiert, wie transparent sie ihr Leben machen solle, hat die Sache mit der Süßkartoffel sie doch überrascht. „Es gibt immer Personen, die noch etwas finden. Was dazu führt, dass viele Menschen in der Umweltbewegung das Gefühl haben, sie schaffen es eh nicht, sie sind nicht gut genug und können es eh niemandem recht machen. Du musst quasi zu einer Heiligen mutieren."

Auch Flora* kennt die Frage, ob sie gut genug ist. Die 38-jährige Deutsche arbeitet seit vier Jahren bei einer der größten, internationalen Umweltorganisationen und erklärt, dass der Druck natürlich zunächst auch von einem selbst ausgeht. Hätte man nicht von Grund auf ein ökologisches Bewusstsein und hohe Ansprüche, würde man sich die Branche nicht aussuchen. Es gehöre dabei dazu, sich ständig selbst zu hinterfragen. Flora kommt aus einer umweltbewussten Familie, Fleisch gab es daheim so gut wie nie. Ein ökologischer Lebensstil war ihr immer schon wichtig. „Aber in dem Moment, wo ich dort angefangen habe, bekam ich absurderweise Selbstzweifel und fragte mich: Bin ich öko genug?" Ihr Umfeld potenziert ihr Bewusstsein – und ja, es mache ihr auch Druck. „Früher, in meinem alten Job, hat man ganz happy erzählt, dass man in den Urlaub fährt. Das ist jetzt anders." Als sie einmal von einem Portugal-Urlaub zurückgekommen war, erntete sie den Kommentar: Da könne man aber nicht mit dem Zug hinfahren. Ein Scherz, aber gesessen hat er trotzdem. Durch ihren neuen Job habe sich ihr Reiseverhalten noch mal verändert, erzählt sie. So habe sie beim Freundinnen-Trip nach Barcelona gesagt: „Sorry, da müssen wir in Zukunft mehr Zeit einplanen, denn solche Strecken fliege ich nicht mehr."

Flora beteuert zwar, dass Grün-Sein kein Wettbewerb sei – aber die grüne Kolleg*innenschaft beobachtet, beurteilt und vergleicht sich dennoch. „Da gibt es natürlich die Kollegin, die alles gefühlt perfekt macht und man selbst ist noch die Person, die irgendwo hinfliegt. Oder man ist diejenige, die nicht extra durch die halbe Stadt fährt, um eine Gurke unverpackt zu kaufen, weil es im Supermarkt am Heimweg das Bio-Gemüse nur in Plastik foliert gibt." Auf der anderen Seite wird Flora von vielen Kolleg*innen zugutegehalten, dass sie sich komplett vegan ernährt, während manche ihrer Kolleg*innen immer noch Bio-Fleisch essen oder „nur" vegetarisch leben. „Jede*r tut, was er oder sie kann", so Flora. Weil die Bandbreite eines ökologischen Lebensstils eben so weit ist – ob es um Plastik, Ernährung oder Klima geht.

Trotzdem spürt sie die allgegenwärtige Wertung von anderen „Grünen" auch außerhalb ihres Jobs. Etwa im veganen Shop um die Ecke. Als die Veganerin dort das erste Mal mit ihrer neuen Second-Hand-Lederjacke einkaufte, schämte sie sich. „Die Verkäuferin hat zwar überhaupt nichts gesagt, aber es war ein Gefühl da, dass sie das jetzt scheiße findet. Also, dass ich zwar Tiere nicht konsumiere, aber sie trage."

Dabei war die neue Lederjacke kein Zufallskauf. Im Gegenteil, Flora hatte sich lange mit ihrer „top-veganen“ Kollegin beraten, was besser sei: eine neue und vegane Lederjacke oder eine aus zweiter Hand. Letztere, ihrer Meinung nach. „Leder ist ein super Produkt, weil es natürlich ist und sich wieder zu Erde zersetzen wird. Das hast du natürlich auch bei einer Mushroom-veganen Lederjacke, also bei einer aus Pilzen gemachten, aber Second-Hand-Leder ist eben schon in der Welt und muss nicht erst produziert werden.“ […]

Dennoch sieht Flora auch einen positiven Effekt im Schämen. Nämlich als regulierendes Moment: „Schämen kann eine unglaubliche Kraft entfalten, aber auch unglaublich destruktiv sein – nämlich dann, wenn aus Shaming Shitstorm wird.“ Es gibt eben einen Unterschied zwischen sich selbst schämen und beschämt werden. Der spürbare Druck gehöre trotzdem zur Pionierarbeit der grünen Bewegung dazu: Ohne ihn würde Flora beispielsweise nicht so überzeugt vegan leben, Second-Hand kaufen und komplett auf Kurztrips verzichten. „Ich will ja den Change – ich will, dass Tiere nicht weiter so gehalten werden und unser Planet drauf geht.“ Bloß dürfe es nicht elitär werden, ergänzt sie.

Antia-Tatić, Delna: Nicht grün genug. In: jetzt.de, 2.7.2021

INFOBOX

woke: Begriff für erwachtes Bewusstsein, mangelnde soziale Gerechtigkeit und Rassimus betreffend

evaluieren: bewerten, beurteilen

elitär: der Elite, also der führenden Schicht angehörig

Schreibauftrag 3 L

Verfassen Sie eine Textanalyse.

Lesen Sie den Artikel *„Jede Reise ist ein Kompromiss"* von Marlene Weiß, veröffentlicht am 15. Juni 2016 in der Online-Ausgabe der deutschen Tageszeitung „Süddeutsche Zeitung" (Text 1) sowie das Plädoyer *„Warum Reisen so gut ist"* von Eva Horn, erschienen am 24. März 2016 in der Online-Ausgabe der deutschen Wochenzeitung „Die Zeit" (Text 2).

Verfassen Sie nun die **Textanalyse** und bearbeiten Sie dabei die folgenden Arbeitsaufträge:

- Geben Sie kurz die Inhalte der beiden Texte wieder.
- Untersuchen Sie den Aufbau, die sprachliche Gestaltung und die stilistischen Besonderheiten der beiden Texte.
- Vergleichen Sie aufbauend auf Ihren Analysen mögliche Intentionen, die die Autorinnen mit ihren Texten verfolgen.

Schreiben Sie zwischen 540 und 660 Wörter.
Markieren Sie Absätze mittels Leerzeilen.

Text 1

Jede Reise ist ein Kompromiss

Mit jeder Reise zu fernen Naturwundern trägt man zu deren Untergang bei. Aber nicht mehr zu reisen, ist auch keine Lösung.

Es war herrlich, damals in Patagonien. Im menschenleeren Feuerland wandern, durch den kalten Regenwald auf der Insel Chiloé schleichen, im Zelt am Fuße des Fitz Roy darauf warten, dass der Dauerregen aufhört. Selten so großartige Natur erlebt. Und selten so viel kaputt gemacht.

Allein der Flug von Europa nach Santiago de Chile, und noch einen Inlands-Hüpfer in den Norden, weil man ja unbedingt noch die Atacama-Wüste mit dem Salzsee sehen musste. Selbst viele Jahre später stellt sich ein leises Erschauern ein bei den Zahlen, die der CO_2-Rechner ausspuckt: sieben Tonnen Kohlendioxid in die Luft gepustet, weit mehr als die jährlichen weltweiten Pro-Kopf-Emissionen. Wenn das jeder machen wollte: au weia. Mit jeder Reise zu Naturwundern trägt man zu deren Untergang bei. Auf Dauer geht das nicht gut.

Auch wer zu Fuß reist, kann Schaden anrichten

Und es hört ja nicht beim Fliegen auf, auch wenn es wahrscheinlich das größte Problem ist. Schiffsreisen sind nicht viel besser: Obwohl sich in der Kreuzfahrtindustrie viel Positives getan hat, sind noch immer fast alle Schiffe mit stark schwefelhaltigem Schweröl unterwegs. Viele von ihnen auch ohne eine vernünftige Abgastechnik, die einen Teil der Schadstoffe herausfiltern könnte. Ganz zu schweigen vom Müll, der nicht in allen Häfen optimal entsorgt werden kann.

Selbst wer zu Fuß oder mit dem Fahrrad reist, kann Schaden anrichten. Unachtsame Wanderer stören Wildtiere, Radler nutzen Straßen, die auch keine reine Naturschutzmaßnahme sind. Und alle müssen irgendwo übernachten, essen, aufs Klo gehen. Aus Umweltsicht wäre es am einfachsten, sie täten das alles zu Hause, wo es sich noch am ehesten naturverträglich und

stock.adobe.com/malp

energiesparend erledigen lässt, und ließen das mit der Reiserei ein für allemal sein. Nur ist das unrealistisch, denn wie schon der französische Philosoph Blaise Pascal weise erkannte: Das ganze Elend der Menschen rührt daher, dass sie nicht in der Lage sind, ruhig in einem Zimmer zu sitzen. Also muss man wohl Kompromisse machen, jede Reise ist ein neuer.

Aber weil der Urlaub – ohnehin überfrachtet mit Erwartungen – ein ungünstiges Gebiet für Moral-Appelle ist, fallen diese Kompromisse oft einseitig aus. In einer Umfrage, die die Forschungsgemeinschaft Urlaub und Reisen für das Umweltministerium gemacht hat, behauptete zwar gut jeder vierte Deutsche, an umweltverträglichen Reisen interessiert zu sein. Das Reiseverhalten dieser vorgeblich umweltbewussten Urlauber unterschied sich aber kaum von dem der anderen, mal abgesehen davon, dass sie noch etwas öfter Urlaub machten – was vermutlich auch am in dieser Gruppe höheren Einkommen lag. […]

Offenbar gilt auch hier die schlichte Faustregel: Je wohlhabender der Mensch, desto problematischer seine Reisen. Laut der UN-Tourismusorganisation entfallen fünf Prozent der globalen Emissionen auf den Tourismus, bei jeder Reise im Schnitt etwa eine Vierteltonne CO_2. In Deutschland aber leistet sich jeder dritte Urlauber eine Flugreise, hierzulande dürfte der Wert weit höher liegen. Ein Flug nach Mallorca produziert pro Person mehr als 500 Kilogramm CO_2. Dafür kann man im voll besetzten Kleinwagen locker zwanzigmal von München an den Gardasee brettern.

TEXTANALYSE

Aber selbst bei Reisen in die Nähe und bei besten Bemühungen können Touristen noch viel Schaden anrichten, vor allem, wenn sie scharenweise auftreten. Skitouren-Geher zum Beispiel blicken ja gerne mit leiser Verachtung auf die Dekadenz des Pistenrummels. Aber wenn die zig Millionen Pistenfahrer auch noch auf Skitour gehen wollten, dürften nicht mehr allzu viele ungestörte Rückzugsräume für Wildtiere übrig bleiben; Birkhühner ade. Da man die Berge nicht absperren kann, ist es vielleicht gar nicht so schlecht, ein paar Gebiete dem Wintersport zu opfern, wenn dafür der Rest geschont wird.

Dann doch noch lieber ehrlicher Massentourismus.

[…] Eine Trink- und Partytour im Schüler-Bus nach Lloret de Mar zum Beispiel mag nicht die kultivierteste Form des Reisens sein, aber gemessen am zusätzlichen Schaden, der für die Umwelt entsteht, spricht gar nicht so viel dagegen, mit Ausnahme des Wasserverbrauchs. Sicher ist das besser als mancher superindividuelle Naturbeobachtungs-Aufenthalt in der Eco-Lodge mitten in der Einsamkeit.

Und doch heißt all das nicht, dass man besser gar nicht mehr verreisen sollte oder nur noch mit dem Bus in eine möglichst nahe Bettenburg. Denn mal ganz abgesehen davon, dass es auch andere Gründe fürs Reisen gibt, den kulturellen Austausch zum Beispiel: Was wäre, wenn die Leute ganz aufhörten zu reisen?

Zu Hause zu bleiben, ist auch keine Lösung

Klar, dem Planeten bliebe viel Dreck, Lärm, Müll, Wasserverbrauch und Klimaschaden erspart. Aber auch viele Nationalparks in Afrika müssten ohne die Einnahmen aus dem Tourismus schließen oder wären hoffnungslos der Wilderei ausgeliefert. Selbst in Deutschland kämen Nationalparks und Biosphärenreservate bald in Rechtfertigungsnöte, wenn die Touristen ausblieben. Aus vielen abgelegeneren Regionen würden die Menschen vollends abwandern, weil es keine Arbeitsplätze mehr gäbe; Dörfer würden verlassen, Kulturlandschaften verschwinden. Das ist ganz sicher nicht im Sinne des Umweltschutzes.

Vermutlich gibt es keine Reiseform, die sich für sieben Milliarden Menschen in jeder Hinsicht optimal umsetzen lässt; und vorschreiben kann man ohnehin nichts. Es ist mit dem Reisen eher wie mit der Ernährung: Es geht um die richtige Mischung. Fliegen sollte eine seltene Ausnahme sein, Natur verdient etwas Respekt, Zurückhaltung ist immer gut. Und nur, weil man sich etwas leisten kann, ist es noch lange kein Grundrecht. Wenn man das beachtet, sollten auch in Zukunft ein paar Reisen drin sein. Vielleicht sogar für alle auf der Welt.

Weiß, Marlene: Jede Reise ist ein Kompromiss. In: sueddeutsche.de, 15.6.2016

INFOBOX

Patagonien: Großlandschaft im Süden Südamerikas, Teile Patagoniens befinden sich im Argentinien, andere in Chile

Atacama: Wüste in Chile, an der Pazifikküste gelegen

Blaise Pascal: französischer Wissenschafter (Mathematik, Physik, Literatur, Philosophie), der von 1623 bis 1662 lebte

Dekadenz: kultureller Niedergang, Verfall

Text 2

Warum Reisen so gut ist: Ein Plädoyer fürs Unterwegs-Sein

Eva Horn kündigte ihren Job und reiste gemeinsam mit ihrem Freund für mehrere Monate durch Amerika. Was sie dabei gelernt hat, wird ihr auch im normalen Leben weiterhelfen, schreibt sie. […]

Wenn man eine längere Zeit im Ausland unterwegs ist, ist das kein Urlaub – im Gegenteil. Reisen ist inspirierend, spannend und herausfordernd. Viele Eigenschaften, die einem das Leben auf Reisen erleichtern, helfen einem auch, besser mit Problemen im Job, in der Beziehung und überhaupt im Leben umzugehen.

Partnerschaft Du denkst, du kennst deinen Freund oder deine Freundin wirklich gut? Pustekuchen, auf Reisen lernt man sich noch einmal von einer ganz anderen Seite kennen. Wenn man sich morgens schon streitet und dann trotzdem noch weitere Stunden gemeinsam auf einer Wanderung aushalten muss. Wenn man stundenlang im Auto aufeinander hocken muss, wenn man plötzlich unterschiedliche Erwartungen hat oder eine unterschiedliche Stressresistenz – Wer lernt, damit gemeinsam umzugehen, den bringt nichts so schnell auseinander.

Ängste und Grenzen Von Felsklippen zehn Meter tief ins eisige Wasser springen, einen Grizzly aus nächster Nähe beobachten oder auf Straßenmärkten undefinierbare Speisen probieren, beim Reisen geht man permanent an seine Grenzen und das ein oder andere Mal sogar weit darüber hinaus. Ich bin nach neun Monaten unterwegs sicher nicht plötzlich komplett furchtlos, aber seitdem ich mit Höhenangst schreiend von einer Klippe gesprungen bin, um nach endlosem Fall putzmunter im Wasser anzukommen, weiß ich, dass ich mehr kann, als ich mir gemeinhin so zutraue.

Mit Herausforderungen umgehen Ob man nun versuchen muss, abends in einem winzigen Dorf ohne Tankstelle Benzin zu finden, sich bei den Lebensmittelkäufen total verkalkuliert hat oder plötzlich ohne Übernachtungsmöglichkeit dasteht, hinter jeder Ecke lauert eine neue Herausforderung, mit der man irgendwie umgehen muss. Wer das gelernt hat, den schockt im Job so schnell nichts mehr.

Eigene Macken Es hilft nichts, man lernt auf einer längeren Reise auch seine eigenen Schwächen sehr gut kennen, denn meistens wird man permanent darauf gestoßen. Ich habe zum Beispiel gemerkt, dass ich viel zu pessimistisch an die meisten Sachen herangehe. Wenn eine Polizeikontrolle mich anhält, denke ich als erstes an eine langwierige Durchsuchung des Autos – im Endeffekt passiert so etwas so gut wie nie und vor allem nicht so oft, wie ich prophylaktisch Panik bekomme. Man kann sich nun einreden, das eigene Verhalten sei völlig normal, sinnvoller ist es allerdings, seine eigenen Macken zu identifizieren und zu reflektieren. […]

Interkulturelle Kompetenz Auf den ersten Blick mögen die Gesellschaften sich ähneln, doch feine Unterschiede gibt es überall. Auf Reisen erlebt man sie aus erster Hand. So sind die Menschen in Mittelamerika beispielsweise extrem höflich, sogar Kinder werden gesiezt. Auch muss man in Gesprächen oft erstmal ein wenig smalltalken, bevor man die eigentliche Frage stellen kann,

stock.adobe.com/EVERST

weil man sonst unhöflich wirkt. Man lernt aber auch, was typisch für die eigene Kultur ist. Und das sind manchmal ganz überraschende Sachen. […]

Ausländer sein Ich möchte allen, die mit Vorurteilen und einer mehr oder weniger latent vorhandenen Angst vor Ausländern durchs Leben laufen, dringend empfehlen, sich auf eine längere Reise zu begeben. Das Gefühl, Ausländer zu sein, verändert vieles.

[…] Man wird angestarrt, weil man anders aussieht als die meisten Menschen. Menschen nähern sich einem unsicher, weil sie nicht wissen, welche Sprache man spricht, was man erwartet und überhaupt. Ich habe mich anders verhalten, weil ich mit meinen blond gefärbten Haaren überall aufgefallen bin und so etwas nicht gewöhnt bin. Auch eine Erfahrung, die fürs Leben prägt. […]

Horn, Eva: Warum Reisen so gut ist: Ein Plädoyer fürs Unterwegs-Sein. In: zeit.de, 24.3.2016

INFOBOX

(das) Plädoyer: Rede oder Äußerung, mit der jemand für etwas oder gegen etwas Bestimmtes eintritt

prophylaktisch: vorbeugend

latent: vorhanden, aber nicht sichtbar

FEINSCHLIFF: EINEN TEXT ÜBERARBEITEN

12 Die folgende Textanalyse stammt von einem Schüler aus einer 8. Klasse AHS. Rufe dir zuerst die Aufgabenstellung und den Ausgangstext (› vgl. S. 106ff.) **in Erinnerung. Bearbeite dann die folgenden Punkte:** L

stock.adobe.com/Africa Studio

- Markiere die verschiedenen Teile des Hauptteils (Zusammenfassung, formale Analyse, inhaltliche Analyse, sprachliche Analyse, Kommunikationsanalyse) mit verschiedenen Farben.
- Vermerke am Rand, ob bei der Analyse etwas fehlt oder ob alle wesentlichen Inhalte behandelt wurden.
- Markiere Rechtschreib- und Grammatikfehler und schreibe die richtige Variante bzw. einen Verbesserungsvorschlag an den Rand.
- Stil: Gibt es Textstellen, die dir besonders gelungen erscheinen oder die du nicht so passend findest, weil sie z. B. wertend oder zu umgangssprachlich formuliert sind? Markiere die Stellen und schreibe einen Kommentar an den Rand.
- Markiere die Zitate im Text: Handelt es sich um direkte oder indirekte Wiedergaben? Wurde richtig zitiert bzw. die korrekte Form der Textwiedergabe gewählt?
- Formuliere eine kurze Rückmeldung zu dem Text.

Die Glosse mit dem Namen „Bitte die gute Laune zuhause lassen!“, welche am 12.04.2022 von Karl Gaulhofer geschrieben worden ist und in „Die Presse“ erschienen ist, handelt von der problematischen „Toxic Positivity“. Die Zielgruppe ist eine gebildete Leserschaft, welche das Fachvokabular, welches im Text vorkommt, versteht und sich kritisch mit modernen Trends auseinandersetzen will.

Jn seinem Text fokussiert sich der Autor auf die negativen Konsequenzen von „Toxic Positivity", also dem gesellschaftlichen Zwang, stehts positiv zu denken. So führt ein erzwungener Optimismus zum Beispiel zu zahlreichen Krankheiten wie Bluthochdruck. Als weiteres Argument gegen diesen bedenklichen Trend führt der Autor die Lebenseinstellung zahlreicher Genies wie Schoppenhauer, Nietzsche oder Beethoven an: Sie alle sind griesgrämige Menschen gewesen, welche gerade wegen ihrer Art zu Denken zu großartigen Erkenntnissen gelangt sind. Als Gegenmittel zu „Toxic Positivity" schlägt Gaulhofer den „wienerischen Grant" vor, also Klagen und Pessimismus. Dieser führt laut ihm zu mehr Erleichterung und Zufriedenheit im Leben.

Die Glosse hat eine Überschrift und ein Lead, danach folgen fünf Absätze. Bei seiner Argumentationsweise verfolgt Karl Gaulhofer nicht das klassische 3B-Schema. So folgt nach der Behauptung „Wer seine negativen Gefühle schamhaft verbirgt, handelt sich viel Schlimmes ein (...) (Z. 28-30)." keine Begründung, sondern direkt das Beispiel der Krankheit Bluthochdruck und Studien aus Japan, die ebenfalls belegen, dass erzwungener Optimismus negative Konsequenzen hat. Um seine Argumente zu untermauern, bedient sich der Autor auserdem Zitaten bekannter Personen wie Thomas Bernhard oder Konrad Paul Liessmann. Diese sind in den Text eingebaut worden, um die Glaubwürdigkeit und Schlagkraft der Argumente Gaulhofers zu intensivieren. Die Glosse endet mit dem ironisch gemeinten Appel „Aber das behalten wir bitte schön für uns (Z. 86-87)". Weiters ist der Text in einer stilistisch gehobenen Sprache verfasst, was Fachwörter wie „kategorischer Jmperativ (Z. 14)", „vulgo (Z. 35)", oder „dysfunktional (Z. 37)", beweisen. Darüber hinaus lassen sich viele Nominalisierungen wie „alles Übertriebene (Z. 26)", umgangssprachliche Ausdrücke wie „Zwiderwurzn (Z. 60)" und Neologismen wie „Dauergrinsen (Z. 12)" und „Alpenanrainer (Z. 50)" finden. Ebenfalls auffällig ist, dass Karl Gaulhofer Metaphern wie „blank geputztes Gemüt (Z. 8)" und Parenthesen wie „Pardon (Z. 22)" benutzt. Damit verfolgt er die Absicht, die Glosse interessant zu gestalten und dadurch den Leser unterhalten, aber gleichzeitig zum Denken anzuregen.

Dadurch, dass der Verfasser der Glosse das Problem der „Toxic Positivity" anspricht, will er den Leser dazu ermutigen, sich nicht nur mit diesem Trend kritisch zu befassen, sondern generell neuen, sozialen Phänomenen mit einer gesunden Skepsis zu begegnen. Als zweites Ziel verfolgt der Autor zu unterhalten und ein Schmunzeln bei seinem Publikum hervorrufen.

13 Diskutiere mit einer Partnerin oder einem Partner, wie ihr die Arbeit bewerten würdet. Verwendet den Beurteilungsraster auf › S. 14 bzw. auch den auf › S. 146 abgedruckten Beurteilungsraster.

- Berücksichtigt dabei eure Anmerkungen links vom Text. Wo würdet ihr die Kreuzchen bei den einzelnen Dimensionen (Inhalt, Textstruktur, Stil/Ausdruck, normative Sprachrichtigkeit) setzen?
- Entscheidet euch für eine Gesamtnote.

ZUM SCHLUSS: ANTWORTEN ZU DEN FAQS

14 **Lies noch einmal die Fragen, die Jugendliche zur Textsorte Textanalyse** **› S. 102** **gestellt haben. Welche davon sind für dich noch offen? Antworten findest du hier:**

Ist es schlimm, wenn meine Textanalyse zu lang oder zu kurz geworden ist?

Eine Überschreitung der geforderten Wortanzahl wird toleriert, wenn dadurch die Qualität deiner Analyse steigt. Eine Unterschreitung wird nicht toleriert, deine Gesamtnote würde sich dadurch verschlechtern.

Wie lang muss die Zusammenfassung, wie lang der Analyseteil sein?

Die Zusammenfassung macht nur einen kleinen Teil des Textes aus. Wenn in der Aufgabenstellung nicht anders verlangt, soll der Inhalt des Textes in wenigen Sätzen wiedergeben werden. Die Analyse ist der eigentliche Hauptteil.

Ist die Textanalyse eine schwierige Textsorte?

Oft wird die Textanalyse als besonders schwierige Textsorte angesehen. Dabei folgt sie einem strukturierten, (fast) immer gleichen Aufbau. Wenn dieser schrittweise befolgt wird, ist es nicht schwer, eine Textanalyse zu verfassen.

Wozu schreibt man eine Textanalyse?

Bei einer Textanalyse wird ein Text inhaltlich, sprachlich und formal analysiert. Ziel ist, herauszufinden, welche Absicht mit dem Text verfolgt wird: Soll er informieren, unterhalten etc.?

Muss ich den Ausgangstext interpretieren?

Nein, denn du analysierst einen Text inhaltlich, sprachlich und formal. Die Ergebnisse deiner Analyse dienen dir dann als Basis dafür, die Wirkungsabsicht des Textes zu formulieren: Was will die Autorin/der Autor mit dem Text aussagen? Welche Absicht wird damit verfolgt? Was soll der Text bewirken?

Wie kann ich Sätze aus dem Text wiedergeben?

Du kannst Sätze bzw. Satzteile oder Wörter aus dem Text direkt zitieren, indem du sie in Anführungszeichen setzt und die Zeilennummer (am besten in Klammer) angibst. Es ist aber auch möglich, Aussagen indirekt, also z. B. mit dass-Sätzen bzw. in der indirekten Rede im Konjunktiv wiederzugeben. Das bietet sich z. B. bei inhaltlichen Zitaten, also wenn du Inhalte des Textes wiedergibst, an.

Wie endet eine Textanalyse?

Je nach Aufgabenstellung fasst du das Ergebnis deiner Analyse noch einmal zusammen, sagst, was die Absicht des Textes ist, äußerst eine Meinung zu dem Text etc.

Kann ich in einer Textanalyse meine eigene Meinung wiedergeben?

Bei der Textanalyse geht es um die objektive und sachliche Analyse eines Textes. Deine Meinung (z. B. zum Text, zur Art der Argumentation etc.) gibst du dabei nur dann im Schlussteil wieder, wenn es in der Aufgabenstellung gefordert wird.

ZWISCHEN DEN ZEILEN

Die Textinterpretation

Ist es schlimm, wenn meine Interpretation zu lang oder zu kurz geworden ist?

Wie lang muss die Zusammenfassung, wie lang der Analyseteil sein?

Woher soll ich wissen, was der Text bedeutet?

Wozu schreibe ich überhaupt eine Interpretation?

Gibt es eine „falsche“ Interpretation?

Wie kann ich Sätze aus dem Text wiedergeben?

Kann ich in einer Interpretation meine eigene Meinung wiedergeben?

Wie endet eine Interpretation?

01 **Ergänze selbst weitere Fragen, die du zu dieser Textsorte hast. Schreibe in die leeren Sprechblasen.**

Erklärvideo Textinterpretation uez 278

GRUNDLEGENDES: DIE TEXTSORTE KENNENLERNEN

Was ist das Besondere an einer Textinterpretation?	Eine **Textinterpretation** … › ist die **Erschließung** und **Deutung** eines **literarischen Textes**. Es soll herausgefunden werden, welche **Botschaft** der Text vermitteln will. Als **Basis** der Deutung dient die **Analyse** des Textes in Bezug auf seinen Inhalt, seine Struktur und seine sprachlichen Merkmale. Die **Besonderheiten des Textes** helfen dabei, die mögliche Bedeutung des Textes herauszufinden. Dabei gibt es **nicht nur eine richtige Art der Interpretation**. Wichtig aber ist, dass die Deutung nachvollziehbar ist und mit der Analyse begründet wird. › ist sachlich und klar formuliert. › ist **im Präsens bzw. im Perfekt** verfasst. › ist die Analyse sowie die eigene persönliche, aber nachvollziehbare Deutung eines Textes.
Für wen schreibe ich die Textinterpretation?	Während bei den meisten Matura- und Schularbeitenangaben der Oberstufe Auskunft über die **Situation**, in der ein Text entstehen soll, gegeben wird (z. B. für ein **Schulprojekt**), werden bei der Textinterpretation und der › Textanalyse S. 102 ‹ keine bestimmte Situation und somit auch keine bestimmten Adressatinnen und Adressaten vorgegeben.
Welche Texte muss ich analysieren?	Eine Interpretation ist die **Deutung** eines **literarischen Textes**. Das kann ein epischer Text (z. B. eine Kurzgeschichte), ein lyrischer Text oder ein Auszug eines Dramas sein.
Wie lang soll die Textinterpretation werden?	Die Textinterpretation gehört zu den **längeren Textsorten** (siehe › Einleitung S. 9f. ‹) und soll zwischen 540 und 660 Wörter lang sein. Überschreitungen werden toleriert, wenn sie dem Inhalt des Textes dienen.
Wie ist eine Textinterpretation aufgebaut?	**Einleitung** mit allen Basisinformationen (oft als **Basissatz** bezeichnet) und **Thema** des Ausgangstextes **Hauptteil** (je nach Aufgabenstellung): › **Zusammenfassung** des Inhalts bzw. der Handlung › **Analyse** der **relevanten formalen** (z. B. Aufbau, Strophen), **sprachlichen** (z. B. Wortwahl, Satzbau, rhetorische Stilmittel, Reim) und **inhaltlichen** (z. B. Erzähler/lyrisches Ich, Handlungsort, Erzählzeit) **Elemente** › **Interpretation**: Entwicklung der **Interpretationshypothesen** anhand der Analyseergebnisse und mithilfe von Textbelegen **Schluss** (je nach Aufgabenstellung): › Resümee bzw. Zusammenfassung der Deutung, Bewertung des Textes etc.

TEXTINTERPRETATION

DARUM GEHT'S: DIE ANGABE VERSTEHEN

Die **Operatoren**, die du häufig in Schreibaufträgen für eine Interpretation findest, stammen aus **allen drei Anforderungsbereichen**, z. B.

- *Benennen Sie …* (Anforderungsbereich 1: Reproduktion)
- *Analysieren Sie …* (Anforderungsbereich 2: Reorganisation und Transfer)
- *Deuten Sie …* (Anforderungsbereich 3: Reflexion und Problemlösung)

Pro Schreibauftrag musst du mit drei bis vier Arbeitsaufträgen rechnen, das entspricht also drei bis vier Operatoren, die alle bearbeitet werden müssen.

02 **Untersuche die drei Schreibaufträge in diesem Kapitel** (S. 123, S. 132, S. 134)**. Unterstreiche jeweils die Operatoren.** L

› Ordne sie auch dem jeweiligen Anforderungsbereich (vgl. › Einleitung S. 12f. ‹) zu. Vergleiche sie mit oben genannten Operatoren. Was kannst du feststellen? Notiere deine Erkenntnisse.

03 **Lies den folgenden Schreibauftrag ein weiteres Mal und gib in eigenen Worten wieder, was bei den einzelnen Arbeitsschritten zu tun ist. Schreibe in deine Mappe.** L

› Gib anschließend in eigenen Worten wieder, was bei den einzelnen Arbeitsschritten zu tun ist. Schreibe in deine Mappe.

Schreibauftrag 1:

Verfassen Sie eine Textinterpretation.

Lesen Sie die Kurzgeschichte „*Nihilit*" (1951) von Kurt Kusenberg[1].

Verfassen Sie nun die **Textinterpretation** und bearbeiten Sie dabei die folgenden Arbeitsaufträge:

- Fassen Sie die Handlung der Kurzgeschichte kurz zusammen.
- Analysieren Sie den Text hinsichtlich seiner formalen und sprachlichen Gestaltung.
- Deuten Sie den Text im Hinblick auf die Motivation der Figuren für ihr Handeln.
- Erschließen Sie die mögliche Intention des Autors. Beachten Sie dabei auch die gesellschaftskritische Dimension des Textes.

Schreiben Sie zwischen 540 und 660 Wörter.
Markieren Sie Absätze durch Leerzeilen.

1 auf Seite 125f.

HIN ZUM EIGENEN TEXT: VERSTEHEN UND PLANEN

Um eine Interpretation zu verfassen, muss der **Ausgangstext** gelesen und **analysiert werden**. Dabei kann es hilfreich sein, sich eine **bestimmte Vorgangsweise** zurechtzulegen:

Informationen markieren bzw. visualisieren

Lies den Text zuerst **aufmerksam durch**. Beim **zweiten Lesegang** solltest du bereits wichtige Aspekte des Textes **markieren** bzw. **unterstreichen** und/oder dir Notizen dazu am Rand oder in deiner Mappe machen. Nach einem **weiteren Lesegang** kannst du wichtige **sprachliche** und **formale Aspekte** (z. B. sprachliche Auffälligkeiten, Wortschatz, rhetorische Stilmittel (vgl. › Meinungsrede S. 76f. ‹ und › Kommentar S. 92 ‹) bzw. Titel, Aufbau, Absätze, Verse, Strophen, Metrum, Gedichtform bzw. Textsorte …) in **unterschiedlichen Farben markieren**. Wichtige **inhaltliche Aspekte** wie z. B. die Erzählfigur oder das lyrische Ich, die Handlung bzw. den Handlungsstrang bzw. die Handlungsstränge, die Art der Motive kannst du wieder in einer anderen Farbe markieren.

Die **wesentlichen Aspekte deines Textes** kannst du auch **grafisch visualisieren**. Am einfachsten ist eine Mindmap. Entweder du erstellst **verschiedene Mindmaps** für die unterschiedlichen Bereiche der Analyse bzw. für die Gedanken zu deiner Interpretation oder du erstellst eine große Mindmap mit vielen weiteren Verästelungen.

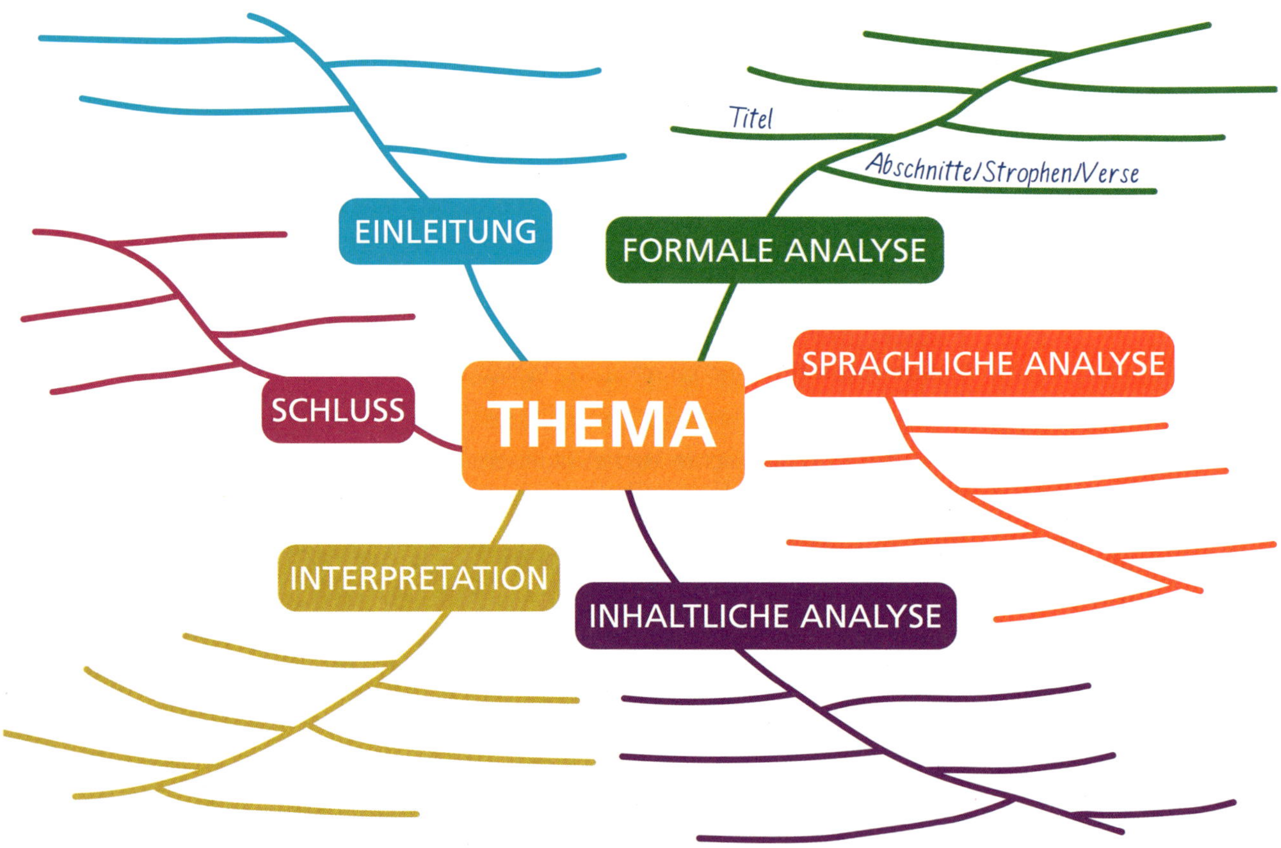

04 **Lies den folgenden Text mehrmals und entscheide dich für eine Art der Texterschließung: Markiere wesentliche formale, sprachliche und inhaltliche Aspekte in unterschiedlichen Farben oder erstelle eine Mindmap oder mehrere Mindmaps und notiere dir darin erste Gedanken zum Text.**

› Schlage unbekannte Wörter im Wörterbuch nach.

Nihilit | Kurt Kusenberg (1951)

Ein Mann namens Rotnagel erfand einen neuen Klebstoff, der sehr vertrauenswürdig aussah und nach Oleander duftete; viele Frauen bedienten sich seiner, um angenehm zu riechen. Gegen diese Unsitte kämpfte Rotnagel heftig an – er wünschte, daß seine Erfindung sinngemäß verwendet werde. Gerade das aber bot Schwierigkeiten, denn der neue Klebstoff klebte nichts, jedenfalls nichts Bekanntes. Ob Papier oder Metall, Holz oder Porzellan – keines von ihnen haftete am gleichen oder an einem fremden Material. Bestrich man einen Gegenstand mit dem Klebstoff, so glitzerte dieser vielversprechend, aber er klebte nicht, und darauf kam es ja eigentlich an. Trotzdem wurde er viel benutzt, weniger aus praktischen Gründen, sondern wegen des herrlichen Oleanderduftes. Rotnagel war kein Narr. Er sagte sich: ein Klebstoff, der nichts klebt, verfehlt seinen Zweck; es mußte also etwas erfunden werden, das sich von ihm kleben läßt. Sicherlich wäre es einfacher gewesen, die Erzeugung einzustellen oder seinen Mißbrauch durch die Frauen hinfort zu dulden, doch der bequeme Weg ist verächtlich. Darum gab Rotnagel drei Jahre seines Lebens daran, einen Werkstoff zu entdecken, der sich von dem Klebstoff kleben ließ, allerdings nur von diesem.

Nach langem Überlegen nannte Rotnagel den neuen Werkstoff Nihilit. In der Natur kam Nihilit nicht rein vor, man hat auch nie einen Stoff finden können, der ihm von ferne glich; es wurde mit Hilfe eines überaus verwickelten Verfahrens künstlich erzeugt. Nihilit hatte ungewöhnliche Eigenschaften. Es ließ sich nicht schneiden, nicht hämmern, nicht bohren, nicht schweißen, nicht pressen und nicht walzen. Versuchte man dergleichen, so zerbröckelte es, wurde flüssig oder zerfiel zu Staub; manchmal freilich explodierte es. Kurzum, man mußte von jeder Verarbeitung absehen.

Für Zwecke der Isolation kam Nihilit nicht recht in Frage, weil es sehr unzuverlässig war. Bisweilen isolierte es Strom oder Wärme, bisweilen nicht; auf seine Unzuverlässigkeiten konnte man sich allerdings verlassen. Ob Nihilit brennbar sei, blieb umstritten; fest stand nur, daß es im Feuer schmorte und einen ekelhaften Geruch verbreitete. Dem Wasser gegenüber verhielt sich Nihilit abwechslungsvoll. Im Allgemeinen war es wasserfest, doch kam auch vor, daß es Wasser gierig in sich aufsog und weitergab. Ins Feuchte gebracht, weichte es auf oder verhärtete, je nachdem. Von Säuren wurde es nicht angegriffen, griff aber seinerseits die Säuren heftig an.

Als Baumaterial war Nihilit schlechterdings nicht zu gebrauchen. Es stieß Mörtel geradezu unwillig ab und faulte, sobald es mit Kalk oder Gips beworfen wurde. Dem erwähnten Klebstoff war es gefügig, doch was half das bei der Neigung zu plötzlichem Zerfall? Wohl ging es an, zwei Stücke Nihilit so fest aneinander zu kleben, daß sie untrennbar wurden, aber das führte auch nicht weiter, denn das nun größere Stück konnte jeden Augenblick zerbröckeln, wenn nicht gar mit lautem Getöse zerspringen. Deswegen sah man davon ab, es im Straßenbau zu verwenden. Aus den Zerfallserscheinungen des Nihilits wiederum war kaum etwas zu profitieren, weil keinerlei Energien dabei frei wurden.

Zu wiederholten Malen wurde festgestellt, daß der neue Werkstoff sich nicht aus Atomen zusammensetzte; sein spezifisches Gewicht schwankte ständig. Nihilit hatte, das sei nicht vergessen, eine widerliche Farbe, die dem Auge weh tat. Beschreiben kann man die Farbe nicht, weil sie keiner anderen vergleichbar war.
Wie man sieht, wies Nihilit im Grunde wenig nützliche Eigenschaften auf, doch ließ es sich mit Hilfe des Klebstoffs kleben, und dazu war es ja erfunden worden. Rotnagel stellte den neuen Werkstoff in großen Mengen her, und wer den Klebstoff kaufte, erwarb auch Nihilit. Obwohl die Explosionsgefahr nicht gering war, lagerten viele Menschen ansehnliche Bestände bei sich ein, denn sie liebten es, mit dem Klebstoff umzugehen, weil er so herrlich nach Oleander duftete.

Kusenberg, Kurt: Zwist unter Zauberern. Reinbek bei Hamburg: Rowohlt Taschenbuch Verlag GmbH, 1998 R

INFOBOX

nihil: lat. nichts

schlechterdings: ganz und gar

SPRACHLICHE MITTEL: DIE RICHTIGEN WORTE FINDEN

Die Einleitung

stock.adobe.com/Ivan Kruk

In der Einleitung werden die **wesentlichen Informationen** (Basisdaten) des Textes wiedergegeben, das sind:

- Autorin/Autor
- Titel
- Textsorte (z.B. Kurzgeschichte, Parabel, Sonett, Aufzug des Dramas)
- Erscheinungsdatum und Erscheinungsort
- Thema bzw. Motiv

Der Einleitungssatz soll darüber **informieren, worum es in dem Text geht**.

TIPP: THEMA UND MOTIV

Während das **Thema allgemein** ausdrückt, worum es in einem Werk geht, ist das **Motiv** ein **thematisches Element**, das das Werk **prägt**. Während z.B. das Thema eines Textes „Liebe" ist, kann das Motiv die unerfüllte Liebe einer bestimmten Figur sein. Wenn es allgemein um das Thema „Familie" geht, kann die schwierige Beziehung zweier Geschwister im Zentrum der Handlung stehen bzw. das Motiv sein. In der Lyrik tauchen bestimmte Motive immer wieder auf, z.B. Abschied, Einsamkeit, Sehnsucht.

veritas.at/code

05 **Lies die folgenden Beispiele für Einleitungen zum Text *Nihilit* von › S. 125f. Beurteile jeweils, ob alle Angaben vorhanden sind bzw. ergänze die fehlenden Informationen. Formuliere anschließend eine Bewertung. Bewerte zuletzt mit Schulnoten.** L

	Einleitung 1	Einleitung 2	Einleitung 3
	Im Text „Nihilit" von K. Kusendorf geht es um einen Erfinder, der einen Klebstoff erfunden hat, der wunderbar nach Oleander riecht.	In der Kurzgeschichte „Nihilit" vom Autor Kurt Kusenberg geht es um Klebstoff, der zwar duftet, aber nicht funktioniert und trotzdem sehr begehrt ist.	In der Geschichte „Nihilit", erschienen 1951 und geschrieben von Kurt Kusendorf, geht es um einen schlauen Erfinder, der sein Produkt gut vermarktet und verkauft, obwohl es eigentlich nicht funktioniert.
Ergänzungen			
Beurteilung (verbal)	gelungen/weniger gelungen finde ich …		
Bewertung (Schulnote)			

Formulierungshilfen für die Einleitung:

- In der Kurzgeschichte/der Parabel/dem Gedicht mit dem *Titel* …, verfasst von *Autorin/Autor*, erschienen am *Datum*, geht es um …
- Die erstmals am *Datum* erschienene Kalendergeschichte mit dem Titel … handelt von …
- In dem Gedicht mit dem Titel …, verfasst von *Autorin/Autor*, entstanden *Datum/Jahr*, geht es um …
- Der Auszug des Dramas … von *Autorin/Autor* handelt von …

stock.adobe.com/Krakenimages.com

06 **Lies folgendes Gedicht und formuliere einen Einleitungssatz dazu. Überlege vorab: Worum geht es in dem Gedicht (Thema und Motiv)? Wo spielt es? Welche Situation wird geschildert?** L

Städter | Alfred Wolfenstein (1920)

Dicht wie Löcher eines Siebes stehn
Fenster beieinander, drängend fassen
Häuser sich so dicht an, daß die
Straßen
Grau geschwollen wie Gewürgte sehn.

Ineinander dicht hineingehakt
Sitzen in den Trams die zwei
Fassaden
Leute, ihre nahen Blicke baden
Ineinander, ohne Scheu befragt.

Unsre Wände sind so dünn wie Haut,
Daß ein jeder teilnimmt, wenn ich
weine,
Unser Flüstern, Denken … wird Ge-
gröhle …

Und wie still in dick verschloßner
Höhle
Ganz unangerührt und ungeschaut
Steht ein jeder fern und fühlt: alleine.

Wolfenstein, Alfred: Städter. In: Wende, Waltraud (Hrsg.): Großstadtlyrik. Stuttgart: Phillip Reclam Junior 1999, S. 104

Der Hauptteil

Du beginnst den **Hauptteil**, indem du eine kurze › Zusammenfassung S. 16ff. ‹ des Ausgangstextes verfasst.

07 **Verfasse eine Zusammenfassung der Kurzgeschichte *Nihilit* von › S. 125f. Lies dir davor die Kriterien der › Zusammenfassung S. 14 ‹ noch einmal durch.** L

08 **Verfasse nun auch eine Zusammenfassung des Gedichts *Städter*.** L

› Gehe dabei schrittweise vor, indem du den Inhalt jeder Strophe zusammenfasst.

Der Zusammenfassung folgen die formale, die sprachliche und die inhaltliche **Analyse**. Dabei machst du auf **Besonderheiten des Textes** aufmerksam. Diese dienen dir dann als **Basis** deiner Interpretation bzw. deiner Deutung des Textes.

Folgende Fragen helfen dir bei deiner formalen, sprachlichen und inhaltlichen **Analyse**. Die Fragen unterscheiden sich, je nachdem ob es sich um einen epischen, einen lyrischen oder einen dramatischen Text handelt.

- › Wie ist der Text gegliedert bzw. aufgebaut? – Gibt es eine Überschrift bzw. einen Titel? Wie viele Absätze sind vorhanden? Wie viele Verse bzw. Strophen gibt es? Welches Metrum herrscht vor? Wie viele Szenen/Aufzüge/Akte hat der Textausschnitt?
- › Welche typischen Textmerkmale (der Textsorte/der Textgattung/des Gedichts) kannst du feststellen?
- › Wie ist der Wortschatz bzw. die Sprache des Textes? Welcher Satzbau herrscht vor? Welche rhetorischen Stilmittel werden verwendet? Gibt es eine Wortart, die dominiert? Wie ist der Stil des Textes? (Alltagssprache, Umgangssprache, Dialekt, Hochsprache bzw. poetisch, nüchtern, emotional) Gibt es ungewöhnliche oder antiquiert[1] wirkende Ausdrücke? Werden Neologismen[2] oder Fremdwörter verwendet?
- › Welche Redemittel werden verwendet? (direkte Rede, indirekte Rede, innerer Monolog, episches Präteritum?) Gibt es Monologe oder Dialoge? Welches Reimschema/Metrum herrscht vor? Finden sich Vokalhäufungen/Assonanzen …?

1 antiquiert: veraltet
2 (der) Neologismus: eine Wortneuschöpfung

- Welche Erzählhaltung/Erzählperspektive wurde gewählt? Was erfährst du über die Erzählfigur? Wie wird erzählt? Wer ist das lyrische Ich? Welche Sinne werden im Gedicht angesprochen? Wie viele Handlungsstränge gibt es? Gibt es überraschende Wendungen? Welche Erzählzeit herrscht vor?
- Welche Bedeutung hat der gewählte Titel? Kann der Ausschnitt in einen Gesamtkontext bzw. in ein Gesamtwerk eingeordnet werden?
- Welche Figuren kommen vor? Wie stehen sie zueinander? Wie werden sie charakterisiert?
- Was ist das Thema bzw. die Intention des Textes? Welche Motive (Hauptmotive, Nebenmotive, Leitmotive[1]) kommen im Text vor? Existiert ein Dingsymbol[2]? Welche Stimmung ruft der Text hervor?

09 **Lies die Fragen, die dir bei der Analyse helfen, noch einmal und unterstreiche sie, je nachdem ob sie auf einen epischen, einen lyrischen oder einen dramatischen Text anzuwenden sind, mit einer anderen Farbe.**

- Tipp: Gewisse Fragen können eventuell für mehrere Gattungen passen.

Shutterstock/Triff

10 **Lies das Gedicht *Städter* (› S. 128) noch einmal und bearbeite dann die folgenden Punkte:** L

- Wer ist das lyrische Ich? Was wird im Gedicht dargestellt? Welches Metrum und welches Reimschema werden verwendet? Welche Gedichtform gebraucht der Autor? Welche rhetorischen Stilmittel kommen vor?
- Wie passen Titel und Inhalt zusammen? Welche sprachlichen, formalen und inhaltlichen Besonderheiten fallen dir auf? Welcher Wortschatz und Satzbau herrschen vor? Wie ist der Stil des Gedichts? L

11 **Lies den Text *Nihilit* abermals und notiere stichwortartig die wesentlichen Punkte der formalen, sprachlichen und inhaltlichen Analyse. Gehe dazu die Fragen auf › S. 128f. noch einmal durch und beantworte jene, die auf den (epischen) Text angewandt werden können.** L

- Nutze auch die Mindmap, die du in Übung 4 vielleicht erstellt hast.

stock.adobe.com/mipan

Um deine **Analyseergebnisse**, die du stichwortartig oder mit einer Mindmap (› vgl. S. 124) festgehalten hast, in einen **Text** zu **verpacken**, helfen dir die folgenden **Phrasen**:

1 (das) Leitmotiv: wiederkehrendes Motiv, das wesentlich für den Inhalt ist. Leitmotive können Gegenstände, aber auch Aussagen, Konflikte etc. sein.
2 (das) Dingsymbol: Gegenstand von symbolhafter Bedeutung, der im Text immer wieder vorkommt

Formulierungshilfen für die formale Analyse:

- Der Text ist in … Absätze gegliedert …
- In den ersten Absätzen geht es um …
- Der erste Abschnitt handelt von …
- Der Text besteht aus … Szenen/Aufzügen …
- Die erste/zweite/dritte Strophe des Gedichtes handelt von …
- In der ersten Szene geht es um …
- Im letzten Abschnitt/In der letzten Strophe/Im Schlussteil des Textes wird erzählt/geschildert/dargestellt …
- Das Gedicht ist in … Strophen gegliedert und besteht aus … Verszeilen …
- Das verwendete Metrum/Reimschema ist … ein sechshebiger Jambus/Trochäus …
- Das Gedicht besteht aus Paarreimen/Kreuzreimen …

Formulierungshilfen für die sprachliche Analyse:

stock.adobe.com/ra2studio

- Die Sprache des Textes ist …
- Die Autorin/Der Autor hat ihren/seinen Text in einem poetischen/nüchternen/sachlichen/bildreichen Stil verfasst. Auffällig an der Wortwahl/an der Sprache ist, dass …
- Die Autorin/Der Autor verwendet viele Verben/Adjektive …, die zeigen/verdeutlichen/bewusst machen …
- Die Dichterin/Der Dichter verwendet einige rhetorische Stilmittel, um …
- Der Satzbau ist geprägt von …
- Lange und kurze Sätze wechseln und erzeugen so eine Atmosphäre von …
- Das Reimschema des Gedichtes lässt den Text … wirken …
- Die Sprache der Dialoge unterscheidet sich vom restlichen Text, da …
- Der Text enthält einige Metaphern/Symbole, die …
- Die rhetorische Frage in Vers/Zeile # verdeutlicht …
- Die Metapher in Vers/Zeile # macht sichtbar … Durch die Antithese in Vers/Zeile # wird zum Ausdruck gebracht …
- Der Wechsel zwischen Monolog und Dialog erzeugt eine … Atmosphäre.

TIPP: RHETORISCHE STILMITTEL

In den Kapiteln › Meinungsrede S. 76f. und › Kommentar S. 86f. findest du Listen zu rhetorischen Stilmitteln. Wähle die Stilmittel aus, die für eine Interpretation wesentlich sind, und ergänze noch fehlende mit Hilfe des Internets bzw. deines Sprachbuchs. Erstelle eine neue Liste. Findet pro Stilmittel ein eigenes Beispiel.

Formulierungshilfen für die inhaltliche Analyse:

- Die Geschichte wird aus der …. Perspektive geschildert.
- Das lyrische Ich beschreibt eine Situation, in der …
- Die Handlung ist einfach/kompliziert/entspinnt sich langsam/entwickelt sich durch ….
- Das Hauptmotiv/Leitmotiv wird in Zeile/Vers # sichtbar …
- Der Anfang/Einstieg ist … gestaltet …. Das Ende (hingegen) ist offen/absehbar/überraschend …
- Neben dem erwähnten Ort gibt es einen Kontrastort, der zeigt, dass …
- Das lyrische Ich wird in Vers # sichtbar …
- Der beschriebene Ort verdeutlicht, dass …
- Durch den Monolog/Dialog zwischen den Figuren zeigt sich …

Um deine **Aussagen** bzw. deine **Analysen** zu **belegen**, musst du **Zitate** aus dem Ausgangstext in deine Interpretation **integrieren**. Folgende Phrasen helfen dir dabei:

Formulierungshilfen für Zitate:

- Die Metapher (Zeile/Vers #) verdeutlicht, dass …
- Die Personifikation in Zeile/Vers # soll den Eindruck verstärken, dass …
- Die vielen verwendeten Verben (Zeile/Vers #–#) unterstreichen die ruhige/hektische/aufwühlende/traurige Grundstimmung des Textes …
- Die vielen kurzen Sätze (ab Zeile/Vers #) erzeugen eine Atmosphäre …
- Ab Zeile/Strophe/Vers # ändert sich die Sprache/der Rhythmus des Textes/Gedichtes …

Wenn du bei deiner Interpretation **zwei Texte**, z.B. zwei Gedichte **vergleichen** musst, kannst du folgendermaßen vorgehen:

TIPP: GEDICHTE VERGLEICHEN

Um Gedichte zu vergleichen, hast du, je nach Aufgabenstellung, verschiedene Möglichkeiten. Eine Möglichkeit ist, eine **getrennte Analyse und Interpretation** jedes Gedichts zu verfassen und diese **anschließend zu vergleichen**:

- Einleitung zu beiden Texten
- Analyse und Interpretation zu Text 1
- Überleitung zu Text 2
- Analyse und Interpretation zu Text 2
- Vergleich der beiden Texte
- Schlussteil (Zusammenfassung/Fazit)

Folgende Formulierungen können dir bei einem Gedichtvergleich helfen:

- Beschreibung von **Unterschieden**: Im Unterschied/Im Gegensatz zu … ▪ Anders als im Gedicht … von … wird im Gedicht … sichtbar … ▪ Die unterschiedliche Sicht/Position/Lage des lyrischen Ichs zeigt sich … ▪ Während im Gedicht … ist im Gedicht … hingegen … ▪ Deutlich unterscheiden sich die Texte durch …
- Beschreibung von **Ähnlichkeiten**: Ähnlich wie im Gedicht … ist auch im Gedicht … ▪ In beiden Gedichten … ▪ Sowohl in … als auch in … entsteht eine … Stimmung. ▪ Sehr ähnlich sind auch …

Im Zuge deines Gedichtvergleichs ist auch ein **direkter Vergleich** möglich: Dabei **springst** du in deiner Analyse **zwischen den beiden Texten** hin und her. Du vergleichst einen bestimmten formalen Aspekt (z.B. die Strophen), dann den nächsten etc.

Am Ende des Hauptteils steht die **Interpretation**. Wichtig ist, dass das **Zusammenspiel** zwischen **Form bzw. Struktur**, **Sprache**, **Inhalt** und **Wirkungsabsicht** des Textes erläutert wird. Du **deutest** also den **Text**, indem du die **Ergebnisse** deiner **Analyse miteinbeziehst** und z.B. erklärst, warum die Autorin/der Autor gewisse Stilmittel verwendet, sich für eine bestimmte Gedichtform entschieden hat, im Text eine Wortart dominiert etc.

12 Formuliere eine Deutungshypothese[1] zum Gedicht *„Die Städter"*, indem du das Gedicht auf Basis deiner Analyseergebnisse aus 10 interpretierst. L

› Welche Wirkung entsteht durch die Gedichtform/das Reimschema/das Metrum? Wie wirkt das Gedicht durch den verwendeten Wortschatz/den Stil/die Stilmittel … Die Formulierungen auf S. 132 helfen dir dabei.

1 (die) Deutungshypothese: Vermutung, welche Absicht die Autorin/der Autor mit ihrem/seinem Text verfolgt

Formulierungshilfen für die Interpretation:

- Durch … entsteht die Stimmung …
- Die Wortwahl/Der Satzbau unterstützen den Eindruck …
- Das Motiv XY wird auch durch … vermittelt …
- Die häufig verwendeten Vergleiche/Metaphern unterstreichen/heben hervor …
- Der Stil … macht sichtbar …
- Mit dem Schluss … beabsichtigt die Autorin/der Autor …
- Durch das verwendete Motiv der Nacht wird sichtbar …
- Die rhetorischen Stilmittel verstärken die vorherrschende Stimmung …
- Der Wendepunkt wird auch durch den Wechsel im Satzbau ab Vers/Zeile # ersichtlich …
- Die verwendeten Assonanzen verstärken den Eindruck …
- Der Verzicht auf Reime unterstreicht den Inhalt, da …

stock.adobe.com/Oli_P

Der Schluss

Je nach Aufgabenstellung **fasst** du zum Schluss die Ergebnisse deiner **Analyse** bzw. deiner **Interpretation zusammen** oder **bewertest** den **Text**, seine **Wirkung** etc.

Formulierungshilfen für den Schluss:

- Die Kernaussage des Textes lautet …
- Das Gedicht/Die Kurzgeschichte/Der Dramenausschnitt macht sichtbar/deutlich …
- Der Text wirkt sehr ansprechend, da …
- Das Thema des Gedichts ist auch heute noch aktuell, da …

weiterer Mustertexte
uez 279

Checkliste
uez 280

JETZT ICH: EINEN TEXT VERFASSEN

13 Verfasse nun auf Basis deiner Notizen aus 11 eine Interpretation zum Text *Nihilit*. Beachte dabei die Aufgabenstellung von **› S. 123.**

Shutterstock/Peshkova

Weitere Schreibaufträge:

Schreibauftrag 2 L

Verfassen Sie eine Textinterpretation.

Lesen Sie die Kurzgeschichte „*Hauptsache weit weg*" von Sibylle Berg.

Verfassen Sie nun die **Textinterpretation** und bearbeiten Sie dabei die folgenden Arbeitsaufträge:

- Geben Sie die Handlung des Textes kurz wieder.
- Analysieren Sie den Text hinsichtlich seiner formalen und sprachlichen Gestaltung.
- Untersuchen Sie, wie der Protagonist seine Umgebung und sich selbst im Verlauf des Textes wahrnimmt.
- Deuten Sie, wofür die dargestellte Situation stehen könnte.

Schreiben Sie zwischen 540 und 660 Wörter.
Markieren Sie Absätze mittels Leerzeilen.

veritas.at/code

Hauptsache weit weg | Sibylle Berg (2001)

Und weg, hatte er gedacht. Die Schule war zu Ende, das Leben noch nicht, hatte noch nicht begonnen, das Leben. Er hatte nicht viel Angst davor, weil er noch keine Enttäuschungen kannte. Er war ein schöner Junge mit langen dunklen Haaren, er spielte Gitarre, komponierte am Computer und dachte, irgendwie werde ich wohl später nach London gehen, was Kreatives machen. Aber das war später.

Und nun?

Warum kommt der Spaß nicht? Der Junge hockt in einem Zimmer, das Zimmer ist grün, wegen der Neonleuchte, es hat kein Fenster und der Ventilator ist sehr laut. Schatten huschen über den Betonboden, das Glück ist das nicht, eine Wolldecke auf dem Bett, auf der schon einige Kriege ausgetragen wurden. Magen gegen Tom Yan, Darm gegen Curry. Immer verloren, die Eingeweide. Der Junge ist 18, und jetzt aber Asien hatte er sich gedacht. Mit 1000 Dollar durch Thailand, Indien, Kambodscha, drei Monate unterwegs und dann wieder heim, nach Deutschland. Das ist so eng, so langweilig, jetzt was erleben und vielleicht nie zurück. Hast du keine Angst, hatten die blassen Freunde zu Hause gefragt, so ganz alleine? Nein, hatte er geantwortet, man lernt ja so viele Leute kennen unterwegs. Bis jetzt hatte er hauptsächlich Mädchen kennen gelernt, nett waren die schon, wenn man Leute mag, die einen bei jedem Satz anfassen. Mädchen, die aussahen wie dreißig und doch so alt waren wie er, seit Monaten unterwegs, die Mädchen, da werden sie komisch. Übermorgen würde er in Laos sein, da mag er jetzt gar nicht daran denken, in seinem hässlichen Pensionszimmer, muss Obacht geben, dass er sich nicht aufs Bett wirft und weint, auf die Decke, wo schon die anderen Dinge drauf sind. In dem kleinen Fernseher kommen nur Leute vor, die ihm völlig fremd sind, das ist das Zeichen, dass man einsam ist, wenn man die Fernsehstars eines Landes nicht kennt und die eigenen keine Bedeutung haben. Der Junge sehnt sich nach Stefan Raab, nach Harald Schmidt und Echt. Er merkt weiter, dass er gar nicht existiert, wenn er nichts hat, was er kennt. Wenn er keine Zeitung in seiner Sprache kaufen kann, keine Klatschgeschichten über einheimische Prominente lesen, wenn keiner anruft und fragt, wie es ihm geht. Dann gibt es ihn nicht. Denkt er. Und ist unterdessen aus seinem heißen Zimmer in die heiße Nacht gegangen, hat fremdes Essen vor sich, von einer fremdsprachigen Serviererin gebracht, die sich nicht für ihn interessiert, wie niemand hier. Das ist wie tot sein, denkt der Junge. Weit weg von zu Hause, um anderen beim Leben zuzusehen, könnte man umfallen und sterben in der tropischen Nacht und niemand würde weinen darum. Jetzt weint er doch, denkt an die lange Zeit, die er noch rumbekommen muss, alleine in heißen Ländern mit seinem Rucksack, und das stimmt so gar nicht mit den Bildern überein, die er zu Hause von sich hatte. Wie er entspannt mit Wasserbüffeln spielen wollte, in Straßencafés sitzen und cool sein. Was ist, ist einer mit Sonnenbrand und Heimweh nach den Stars zu Hause, die sind wie ein Geländer zum Festhalten.

Er geht durch die Nacht, selbst die Tiere reden ausländisch, und dann sieht er etwas, sein Herz schlägt schneller.

Ein Computer, ein Internet-Café. Und er setzt sich, schaltet den Computer an, liest seine E-Mails. Kleine Sätze von seinen Freunden, und denen antwortet er, dass es ihm gut gehe und alles großartig ist, und er schreibt und schreibt und es ist auf einmal völlig egal, dass zu seinen Füßen ausländische Insekten so groß wie Meerkatzen herumlaufen, dass das fremde Essen im Magen drückt. Er schreibt seinen Freunden über die kleinen Katastrophen und die fremde Welt um ihn verschwimmt, er ist nicht mehr allein, taucht in den Bildschirm ein, der ist wie ein weiches Bett, er denkt an Bill Gates und Fred Apple, er schickt ein Mail an Sat 1, und für ein paar Stunden ist er wieder am Leben, in der heißen Nacht weit weg von zu Hause.

Berg, Sibylle: Hauptsache weit weg. In: Das Unerfreuliche zuerst. Köln: Kiepenheuer & Witsch 2001, S. 123f.

INFOBOX

Tom Yam: scharf-säuerliche Suppe, thailändische Spezialität

Kambodscha: Land in Südostasien, am Golf von Thailand gelegen

Laos: Land in Südostasien; der Süden des Landes grenzt an Thailand, Kambodscha und Vietnam

Stefan Raab und Harald Schmidt: deutsche Komiker bzw. Moderatoren

„Echt“: dt. Sendung über (besondere) reale Ereignisse und Phänomene

Bill Gates: Mitbegründer der Computerfirma Microsoft

Sat 1: deutscher Fernsehsender

Schreibauftrag 3 L

Verfassen Sie eine Textinterpretation.

Lesen Sie die Gedichte *„An meine Landsleute“* von Bertolt Brecht und das Gedicht *„Ohne Titel“* von Serghij Zhadan.

Verfassen Sie nun die **Textinterpretation** und bearbeiten Sie dabei die folgenden Arbeitsaufträge:

- Vergleichen Sie die in den Gedichten geschilderten Situationen.
- Analysieren Sie die sprachliche und formale Gestaltung der Gedichte.
- Deuten Sie die beiden Gedichte im Hinblick auf das Thema „Krieg“ und die gewählte Perspektive.
- Beurteilen Sie abschließend die Texte in Bezug auf ihre Wirkungsabsicht.

Schreiben Sie zwischen 540 und 660 Wörter.
Markieren Sie Absätze mittels Leerzeilen.

An meine Landsleute | Bertolt Brecht (1949)

Ihr, die ihr überlebtet in gestorbenen Städten
Habt doch nun endlich mit euch selbst Erbarmen!
Zieht nun in neue Kriege nicht – ihr Armen
Als ob die alten nicht gelanget hätten:
Ich bitte euch – habet mit euch selbst Erbarmen!

Ihr Männer – greift zur Kelle – nicht zum Messer!
Ihr säßet unter Dächern schließlich jetzt
Hättet ihr auf das Messer nicht gesetzt
Und unter Dächern sitzt es sich doch besser.
Ich bitt euch – greift zur Kelle – nicht zum Messer!
Ihr Kinder – daß sie euch mit Krieg verschonen
Müßt ihr um Einsicht eure Eltern bitten.
Sagt laut, ihr wollt nicht in Ruinen wohnen
Und nicht das leiden – was sie selber litten:
Ihr Kinder – daß sie euch mit Krieg verschonen!

Ihr Mütter – da es euch anheimgegeben
Den Krieg zu dulden oder nicht zu dulden
Ich bitt euch – lasset eure Kinder leben!
Daß sie euch die Geburt und nicht den Tod dann
schulden:
Ihr Mütter – lasset eure Kinder leben!

Brecht, Bertolt: An meine Landsleute. In: Ausgewählte Werke in sechs Bänden. Gedichte 2. Frankfurt/Main: Suhrkamp Verlag 1998, S. 399

Ohne Titel | Sergehij Zhadan (2022)

Irgendwas bekommst du sicher zurück,
wenn so viel weggenommen wird.
Etwas bekommst du, den plötzlichen Eindruck des Abschieds. Woher hättest du wissen können, wie der Vogel stürzt, wie das verzweifelte Herz inmitten der Zeit einfach stillsteht?
Schmerz.
Schmerz und Hoffnung geben dir das Gefühl für die Welt zurück. Machen die Essenz deines Seins lebendig, verleihen ihm Sinn.
Schmerz und Hoffnung, die du so nicht erwartet hast, wovon daheim am Abendbrottisch nie die Rede war.
***
Woher konntest du die Stimme des Morgenwalds hören,
vom Feuer verbrannt, wer sonst konnte dir
den Blick einstellen, ihn stimmen,
wie einen Flügel, damit das Auge nicht zuckt,
wenn es auf dem Spielfeld
das Dämmertier erspäht?
***
Wo du das ausgehalten hast, ertragen hast
dieses wirre Balancieren über dem Winter,
die Ängste gestapelt, wie die Bücher
der väterlichen Bibliothek,
wie kannst du jetzt fluchen auf die Last
des Zufalls, der dich in den
kalten Wind der Geschichte stellt?
***

Wage es nicht,
wag nicht zu fluchen dort,
wo die versehrte Gegend die Zähne fletscht,
wo die vom Zorn Verbrannten nicht weinen,
gerahmt von Licht,
durchbohrt vom Mondlicht.
***
Schmerz und Hoffnung vereinen uns in den
Kratern des dunklen Himmels.
Schmerz und Hoffnung, wie zwei Lungen des Mädchens,
das schon ertrank,
doch aus denen man grünes Brackwasser presste,
das Leben zu retten.
Schmerz und Hoffnung, wie Rauch, umgebaut
nach dem Brand.
***
Erst in dieser Zerstörung, wenn die Vergangenheit zurückbleibt,
wie ein Ufer in der Nacht, erst im Lärm
nächtlichen Aushaltens, hündischen Wartens
erscheint im Flur der Beigeschmack der Liebe zu dem,
was dich so bei dir sein ließ
in jenem Frühling, so verständlich, klar,
im Gegenlicht der Sonne,
beleuchtet im Wind.
***
Ich sah im Waggon schläfrige Frauen nach
unsichtbaren Stimmen greifen wie nach Fäden, hinaus in den Gang.
Ich sah das Feuer der Inbrunst über den Köpfen der Männer verlöschen.
Kinder ins Zwielicht fallen wie an die Brust der Mutter.
Hunde verstummen im Anblick der Sonne, die über die Stadt zieht. [...]
***
Aber der Sommer wird kommen,
die Größe des verdorrten Flusses,
und die Jungs auf dem asphaltenen Bolzplatz,
wie Buchstaben der Verfassung – zeugen von der Gleichheit der Grenzgeborenen,
Gleichheit und Ehrlichkeit derer, von klein auf
gewohnt, die Haut am rauen Asphalt der Höfe zu reiben,
gewohnt an Schmerz und Hoffnung,
die im Licht in die Risse im Körper
Klumpen von Julisonne nähen.

Zhadan, Serhij: Ein Gedicht aus dem Krieg. In: faz.net, 22.7.2022

INFOBOX

Bertolt Brecht (1989–1956): bekannter und politisch engagierter deutscher Dramatiker und Lyriker
(die) Kelle: Werkzeug z. B. eines Maurers, um Mörtel aufzutragen
Serghij Zhadan (geb. 1974): ukrainischer Schriftsteller, Dichter und Übersetzer
(der) Bolzplatz: kleiner Platz zum Fußballspielen; der Begriff ist in Österreich eher unüblich, in Deutschland häufiger verwendet.

FEINSCHLIFF: EINEN TEXT ÜBERARBEITEN

14 **Die folgende Interpretation stammt von einer Schülerin aus einer 8. Klasse AHS. Rufe dir zuerst die Aufgabenstellung** (› vgl. S. 123) **und den Ausgangstext** (› vgl. S. 125f.) **in Erinnerung. Bearbeite dann die folgenden Punkte:** L

- Markiere die verschiedenen Teile des Hauptteils (Zusammenfassung, formale, inhaltliche und sprachliche Analyse, Interpretation) mit verschiedenen Farben.
- Vermerke am Rand, ob bei der Analyse etwas fehlt oder ob alle wesentlichen Inhalte behandelt wurden.
- Markiere Rechtschreib- und Grammatikfehler und schreibe die richtige Variante bzw. einen Verbesserungsvorschlag an den Rand.

15 **Tausche dich mit einer Partnerin oder einem Partner über eure Ergebnisse aus und bearbeitet die folgenden Aufgaben nun gemeinsam:** L

- **Stil:** Gibt es Textstellen, die euch besonders gelungen erscheinen oder die ihr nicht so passend findet, weil sie z. B. wertend oder zu umgangssprachlich formuliert sind? Markiert die Stellen und kommentiert sie am Rand.
- **Interpretation:** Erscheint euch die Interpretation plausibel bzw. ausreichend belegt? Bezieht sich die Schülerin dabei auf ihre Analyse bzw. begründet sie ihre Interpretation? Markiert die jeweiligen Textstellen.
- Markiert die Zitate im Text: Wurde richtig zitiert? Werden die Zitate bzw. ihre Bedeutung für den Text erklärt? Ist der Bezug zwischen der aufgestellten These und dem zitierten Text nachvollziehbar?
- Formuliert eine kurze Rückmeldung zu dem Text in eurer Mappe.

Jn der Kurzgeschichte „Nihilit" von Kurt Kusengerg geht es um einen Erfinder namens Rotnagel, der einen etwas seltsamen Klebstoff erfunden hat.

Der Erfinder Rotnagel hat einen untypischen Klebstoff erfunden, der zwar sehr gut nach Oleander riecht, der aber nicht funktioniert, da er nicht klebt. Aufgrund seines Geruchs verwenden ihn viele Frauen als Parfum. (Z. 4ff.) Der Protagonist ärgert sich aber über dieser Art der Verwendung und will unbedingt, das er wirklich als Klebstoff genutzt wird. Er möchte deshalb einen Werkstoff erfinden, der von seinem Klebstoff wirklich geklebt werden kann. Nach drei Jahren gelinkt es ihm, einen Werkstoff zu erfinden, den der Klebstoff auch wirklich klebt, nur ist dieser Werkstoff nutzlos und es gibt keine Verwendung für ihn. Rotnagel nennt ihn Nihilit.

Die Leute kaufen den gut riechenden Klebstoff weiterhin und kaufen automatisch auch Nihilit mit. Obwohl der Werkstoff gefährlich ist, da er explodieren kann, lagern sie ihn bei sich daheim, weil sie nicht auf den duftenden Klebstoff verzichten wollen.

Die Kurzgeschichte beginnt absolut typisch mit einem unmittelbaren Einstieg. Sie besteht aus drei Sinnabschnitten: Jn Abschnitt eins (bis Z. 23) wird die Erfindung vorgestellt. Jn Sinnabschnitt zwei (Z. 24-73) wird der erfundene Werkstoff beschrieben und in Sinnabschnitt drei (Z. 74-116) geht es um den anhaltenden Erfolg des Klebstoffs.

Erzählt wird aus der Sicht eines auktorialen Erzählers, der auch kommentiert, z.B. „Wie man sieht, XY“ (Z. 104) und bewertet „weil er so herrlich nach Oleander duftete.“ (Z. 116)

Der Satzbau der Geschichte ist eher einfach und vor allem hypotaktisch, es kommen aber auch ein paar Parataxen (z.B. Z. 60 und Z. 71) vor. Was die Wortwahl betrifft, fällt auf, dass viele Negationen wie z.B. nicht, nichts, kein (Z. 11, 18, 25, 40 und 46ff.) vorkommen. Die vielen Negationen, sowie die Verwendung des Wortes „Nihilit“, der sich auf das Lateinische „nihil“ bezieht, was „nichts“ bedeutet, heben die Nutzlosigkeit des Werkstoffs hervor.

Es werden außerdem viele technische Begriffe wie z.B. „Jsolation“ (Z. 55), „wasserfest“ (Z. 67), „Säuren“(Z. 71), , „Mörtel“ (Z. 76), „Kalk“ (Z. 77), „Gips“ (Z. 78) verwendet, die mit der Beschreibung des Produkts bzw. des Werkstoffes zu tun haben. Jm Gegensatz zu dieser eher nüchternen und technischen Athmosphäre stehen alle die Wörter, die den Duft des Klebstoffs beschreiben wie z.B „Oleander duftete“ (Z. 4) und „Oleanderduftes“ (Z. 116)

Jm Text kommen auch rhetorische Mittel vor. Es finden sich einige Aufzählungen rund um den Klebstoff, z.B. „Ob Papier oder Metall, Holz oder Porzellan“ (Z. 12); „nicht schneiden, nicht hämmern, nicht bohren, nicht schweißen, nicht pressen und nicht walzen“ (Z. 46). Die Anapher in Zeile 57 „Bisweilen isolierte es Strom oder Wärme, bisweilen nicht“ verdeutlicht noch einmal die Unzuverlässigkeit des Klebstoffes.

Um die Absurdität der ganzen Situation zu verdeutlichen, verwendet der Autor auch mehreren Stellen das Stilmittel Jronie, z.B. „Gegen diese Unsitte kämpfte Rotnagel heftig an- er wünschte, das seine Erfindung sinngemäß verwendet werde. „(Z. 6) oder „auf seine Unzuverlässigkeit konnte man sich allerdings verlassen“ (Z. 59).

Der Protagonist wird als sehr stur charakterisiert. Er erfindet einen nutzlosen Klebstoff und einen nutzlosen Werkstoff, nur damit der Kleber überhaupt verwendet wird. Auch die Kundinnen und Kunden erscheinen stur, weil sie sich sogar in Gefahr begeben, nur um den duftenden Klebstoff weiter kaufen können.

Die Kurzgeschichte thematisiert die Sturheit und des Erfinders bzw. von Menschen, die eine fixe Jdee verfolgen und deswegen an etwas festhalten, das unbrauchbar ist und sie in eine (gefährliche) Sackgasse führt.

16 Diskutiert, wie ihr die Arbeit bewerten würdet. Verwendet den auf › S. 14 bzw. auch auf › S. 146 abgedruckten Beurteilungsraster.

› Berücksichtigt dabei eure Anmerkungen neben dem Text. Wo würdet ihr die Kreuzchen bei den einzelnen Dimensionen (Inhalt, Textstruktur, Stil/Ausdruck, normative Sprachrichtigkeit) setzen? Entscheidet euch für eine Gesamtnote.

ZUM SCHLUSS: ANTWORTEN ZU DEN FAQS

17 **Lies noch einmal die Fragen, die Jugendliche zur Textsorte Textinterpretation** **› S. 121** **gestellt haben. Welche davon sind für dich noch offen? Antworten findest du hier:**

Ist es schlimm, wenn meine Interpretation zu lang oder zu kurz geworden ist?

Eine Überschreitung der geforderten Wortanzahl wird toleriert, wenn dadurch die Qualität deiner Analyse steigt. Eine Unterschreitung wird nicht toleriert, deine Gesamtnote würde sich dadurch verschlechtern.

Wie lang muss die Zusammenfassung, wie lang der Analyseteil sein?

Die Zusammenfassung macht nur einen kleinen Teil des Textes aus. Wenn in der Aufgabenstellung nicht anders verlangt, soll der Inhalt des Textes in wenigen Sätzen wiedergeben werden. Die Analyse bzw. die Interpretation ist der eigentliche Hauptteil.

Woher soll ich wissen, was der Text bedeutet?

Interpretieren heißt, einen Text inhaltlich zu erläutern und zu deuten. Die sprachliche und formale Analyse helfen dir dabei, zu verstehen, wie der Text gemeint sein könnte.

Wozu schreibe ich überhaupt eine Interpretation?

Eine Interpretation dient dazu, einen Text zu deuten bzw. die Absicht des Textes herauszufinden. Dazu werden die Form und die Sprache untersucht. Die Ergebnisse helfen dann dabei, die Absicht des Textes zu verstehen und zu formulieren.

Gibt es eine „falsche" Interpretation?

Eine Interpretation basiert zwar immer auf einer sprachlichen und formalen Analyse, die Deutung fußt aber trotzdem auf einer persönlichen Meinung. Es gibt daher nicht nur eine richtige Interpretation. Das heißt aber auch nicht, dass jede Interpretation möglich ist. Grundsätzlich gilt, dass die Deutung begründet werden muss und plausibel, also nachvollziehbar sein sollte.

Wie kann ich Sätze aus dem Text wiedergeben?

Du kannst Sätze bzw. Satzteile oder Wörter aus dem Text direkt zitieren, indem du sie in Anführungszeichen setzt und die Vers- bzw. Zeilennummer (am besten in Klammer) angibst. Du kannst aber auch Dinge indirekt, also z. B. mit dass-Sätzen bzw. in der indirekten Rede im Konjunktiv wiedergeben. Das bietet sich z. B. bei inhaltlichen Zitaten an.

Kann ich in einer Interpretation meine eigene Meinung wiedergeben?

Die abschließende Deutung basiert auf der eigenen Meinung. Diese muss jedoch begründet und auch durch die Analyse belegt werden.

Wie endet eine Interpretation?

Je nach Aufgabenstellung endet die Interpretation in den meisten Fällen mit der Deutung des Textes, manchmal auch mit einer zusätzlichen Bewertung.

AUF EINEN BLICK

Digitale Zusätze

Zusammenfassung

Checkliste
uez 262

Mustertext
uez 261

Erklärvideo
uez 260

Leserbrief

Checkliste
uez 265

Mustertext
uez 264

Erklärvideo
uez 263

Erörterung

Checkliste
uez 268

Mustertext
uez 267

Erklärvideo
uez 266

Meinungsrede

Checkliste
uez 271

Mustertext
uez 270

Erklärvideo
uez 269

Kommentar

Checkliste
uez 274

Mustertext
uez 273

Erklärvideo
uez 272

weiterer Mustertext
uez 293

Textanalyse

Checkliste
uez 277

Mustertext
uez 276

Erklärvideo
uez 275

Textinterpretation

Checkliste
uez 280

Mustertexte
uez 279

Erklärvideo
uez 278

L

Lösungsdokument
uez 281

ANHANG

Hier ist Platz für meine Notizen

veritas.at/code

ÜBERSICHT ZU DEN MATURATEXTSORTEN

	Wortanzahl	Überlänge erlaubt	Lesepublikum direkt ansprechen	rhetorische Stilmittel erwünscht	eigene Meinung einbauen; werten	„Ich" erlaubt	Präsens; Vorzeitigkeit im Perfekt	Präteritum
Zusammenfassung	270–330	✗	✗	✗	✗	✗	✓	✗
Erörterung	405–495 540–660	✓	✗	✗	✓	✻	✓	✗
Leserbrief	270–330	✗	✓	✓	✓	✓	✓	✗
Meinungsrede	405–495 540–660	✓	✓	✓	✓	✓	✓	✗
Kommentar	270–330 405–495 540–660	✗	✓	✓	✓	✗	✓	✗
Textanalyse	405–495 540–660	✓	✗	✗	✗	✗	✓	✗
Textinterpretation	540–660	✓	✗	✗	✗	✗	✓	✗

Legende:

✗ … unerwünscht

✓ … erwünscht

✻ … nur in der Einleitung oder im Schluss erwünscht

Kandidat/in:	Klasse/Jahrgang:	Prüfer/in:

SRDP / BRP Deutsch, Kroatisch, Slowenisch, Ungarisch – Beurteilungsraster für Text 1

K1	*nicht erfüllt*	*das Wesentliche überwiegend erfüllt*	*das Wesentliche zur Gänze erfüllt*	*über das Wesentliche hinausgehend erfüllt*	*weit über das Wesentliche hinausgehend erfüllt*
Inhalt	☐	☐	☐	☐	☐
Aufgabenerfüllung aus <u>inhaltlicher</u> Sicht		Schreibhandlung(en) im Sinne der geforderten Textsorte überwiegend realisiert	Schreibhandlung(en) im Sinne der geforderten Textsorte weitgehend realisiert	Schreibhandlung(en) im Sinne der geforderten Textsorte durchgehend realisiert	Schreibhandlung(en) im Sinne der geforderten Textsorte umfassend realisiert
		Arbeitsaufträge überwiegend erfüllt	Arbeitsaufträge weitgehend erfüllt	alle Arbeitsaufträge erfüllt	alle Arbeitsaufträge umfassend erfüllt
		Textbeilage(n) im Sinne der Arbeitsaufträge überwiegend erfasst	Textbeilage(n) im Sinne der Arbeitsaufträge weitgehend erfasst	Textbeilage(n) im Sinne der Arbeitsaufträge vollständig erfasst	Textbeilage(n) im Sinne der Arbeitsaufträge vollständig erfasst
		sachlich überwiegend richtig	sachlich weitgehend richtig	sachlich richtig	sachlich durchgehend richtig
		Qualität der inhaltlichen Auseinandersetzung: oberflächlich/wenig treffsicher/reproduzierend	Qualität der inhaltlichen Auseinandersetzung: ansatzweise komplex/weitgehend treffsicher/Ansätze zur Eigenständigkeit	Qualität der inhaltlichen Auseinandersetzung: komplex/treffsicher/merklich eigenständig	Qualität der inhaltlichen Auseinandersetzung: in hohem Maße komplex/treffsicher/eigenständig; gegebenenfalls ideenreich
Textstruktur	☐	☐	☐	☐	☐
Aufgabenerfüllung aus <u>textstruktureller</u> Sicht		Kohärenz: Text gedanklich und formal überwiegend der Textsorte angemessen strukturiert	Kohärenz: Text gedanklich und formal weitgehend der Textsorte angemessen strukturiert	Kohärenz: Text gedanklich und formal durchgehend der Textsorte angemessen und klar strukturiert	Kohärenz: Text gedanklich und formal durchgehend der Textsorte angemessen, klar, zielgerichtet und gegebenenfalls eigenständig strukturiert
		Bezugnahme auf die Textbeilage(n) im Sinne der geforderten Textsorte überwiegend erkennbar	Bezugnahme auf die Textbeilage(n) im Sinne der geforderten Textsorte realisiert	gelungene Verknüpfung mit der/den Textbeilage(n) im Sinne der geforderten Textsorte	besonders gelungene Verknüpfung mit der/den Textbeilage(n) im Sinne der geforderten Textsorte
		Einsatz passender Kohäsionsmittel überwiegend erkennbar	Einsatz passender Kohäsionsmittel weitgehend erkennbar	nahezu durchgehender Einsatz passender Kohäsionsmittel	durchgehender Einsatz passender Kohäsionsmittel
K1	☐	☐	☐	☐	☐

K3/1	*nicht erfüllt*	*das Wesentliche überwiegend erfüllt*	*das Wesentliche zur Gänze erfüllt*	*über das Wesentliche hinausgehend erfüllt*	*weit über das Wesentliche hinausgehend erfüllt*
Stil/Ausdruck	☐	☐	☐	☐	☐
Aufgabenerfüllung in Bezug auf <u>Stil und Ausdruck</u>		überwiegend schreibhandlungs- und situationsadäquate Sprachverwendung	weitgehend schreibhandlungs- und situationsadäquate Sprachverwendung	nahezu durchgehend schreibhandlungs- und situationsadäquate Sprachverwendung	durchgehend schreibhandlungs- und situationsadäquate Sprachverwendung
		überwiegend angemessene und semantisch korrekte Ausdrucksweise sowie geringe Varianz in der Wortwahl	weitgehend angemessene und semantisch korrekte Ausdrucksweise sowie variantenreiche Wortwahl	durchgehend angemessene und semantisch korrekte Ausdrucksweise sowie präzise und variantenreiche Wortwahl	durchgehend angemessene und semantisch korrekte Ausdrucksweise sowie besonders präzise, differenzierte und variantenreiche Wortwahl
		überwiegend gut verständliche bzw. nur wenig variierende Satzstrukturen	weitgehend gut verständliche und variantenreiche Satzstrukturen	durchgehend variantenreiche und komplexe bzw. der Textsorte angemessene Satzstrukturen	besonders variantenreiche und komplexe bzw. der Textsorte angemessene Satzstrukturen
		viele an die Textbeilage(n) angelehnte oder wörtlich übernommene Formulierungen	weitgehend eigenständige Formulierungen	nahezu durchgehend eigenständige Formulierungen	durchgehend eigenständige Formulierungen
Sprachnormen	☐	☐	☐	☐	☐
Aufgabenerfüllung in Bezug auf <u>normative Sprachrichtigkeit</u>		überwiegend richtige Anwendung der Regeln der Orthografie	weitgehend richtige Anwendung der Regeln der Orthografie	richtige Anwendung der Regeln der Orthografie; wenige Fehler	orthografisch (nahezu) fehlerfrei
		überwiegend richtige Anwendung der Regeln der Zeichensetzung	weitgehend richtige Anwendung der Regeln der Zeichensetzung	richtige Anwendung der Regeln der Zeichensetzung; wenige Fehler	Zeichensetzung (nahezu) fehlerfrei
		überwiegend richtige Anwendung der Regeln der Grammatik	weitgehend richtige Anwendung der Regeln der Grammatik	richtige Anwendung der Regeln der Grammatik; wenige Fehler	grammatikalisch (nahezu) fehlerfrei
K3/1	☐	☐	☐	☐	☐

gültig ab Schuljahr 2022/2023